ちくま学芸文庫

# 空海

宮坂宥勝

# 目次

# 空　海

## 生涯と思想

## はしがき

近年、弘法大師空海の存在は確実に時代の脚光を浴びている。従来の伝統的な大師信仰の対象、あるいは偉大なる仏者たるにとどまらず、詩人、文学者、書家、思想家、芸術家などなどとして、現代社会における思想、文化のさまざまな分野からの注目をあつめ、新たな解明やアプローチが試みられているのである。

ひところのオカルト・ブーム、マンダラ・アート賛美が通り過ぎて、密教そのものの原点を静かに見直そうとする気運が高まってきた。そのような密教に寄せる大きなうねりのようなものへの確かな凝視のなかに、空海は依然として核心的な位置を占めながら現前しているのは、まぎれもない事実である。

詩をはじめとする文学、あるいは曼荼羅《まんだら》や書などの芸術、思想、哲学、さらにはまた空海の環暈《かんうん》としての説話、民話、口碑、伝説などに至るまで、それらはすべて空海密教が放射している千変万化の陸離たる光彩である。いわば、空海という存在じたいは大曼荼羅であり、その存在形態の種々相は三昧耶《さんまや》曼荼羅であり、文化活動は法曼荼羅であり、社会活動は羯磨《かつま》曼荼羅そのものだということができよう。

本書のＩ「生涯と思想」は、日本仏教史における密教の位置づけ、最澄との交流からみた空海密教の立場と特質をふまえて、生涯と思想をグローバルに捉えたものである。なお、思想が現代を生きるわれわれにとってのものである限り真に思想たり得るという見地から、空海密教の現代的意義を論じた三篇を収めた。

II「文化人としての空海」は、絵巻のストーリーにそってみた空海の全軌跡、空海密教の形成に決定的な影響を与えた恵果《けいか》との出遇い、詩文を通してみた空海をめぐる周辺の人びと、わが国最初の庶民のための学校であった綜藝種智院《しゅげいしゅちいん》の教育活動に焦点を当てたものである。

III「空海の著作を読む」は、初めて空海の著作を読む場合の手引きとなれば幸いである。

IV「空海の聖地」は、空海ゆかりの高野山と四国八十八カ所霊場を紹介したものである。

密教は一口にいって難解、歯がたたないという巷間の声をよく耳にする。往年、『般若《はんにゃ》心経《しんぎょう》講義』(現在、角川文庫に収める)で、江湖に知られた恩師、高神覚昇《たかがみかくしょう》先生は、密教を「公開された秘密」といい、大衆への開放を念願して、名著『密教概論』を書かれたのであった。まさしく公開された秘密のはずである。もとより密教がいつまで経っても一般人士と無縁の存在であってはならないであろう。

本年は弘法大師入定《にゅうじょう》一千百五十年御遠忌《ごおんき》の年にあたる。このとき、奇《く》しくも本書を上梓することができたのは感謝のほかはない。この機縁を与えられた編集部の藤原成一氏、斎藤晃氏には種々ご配意していただき、平賀孝男氏には終始お世話をいただいた。記して謝意を表する次第である。

一九八四年四月二十一日

著者しるす

# I　空海の生涯と思想

# 日本仏教史上における空海

## 一

日本仏教史について、これまでに、はなはだ教科書的な先入観念がつきまとっていたように思われる。

奈良仏教は学問仏教、平安仏教は貴族仏教、鎌倉仏教は民衆仏教、室町・江戸仏教は庶民仏教である。また、奈良仏教は中国直輸入の仏教であるから、非日本的である。平安仏教は鎮護国家を標榜し、貴族階級を相手どった呪術仏教である。鎌倉仏教は新仏教を開いた祖師たちによって仏教の精華が発揮され、民衆化されたので、ここにはじめて真の日本仏教が誕生した。しかるに、室町から江戸時代にかけて教団仏教は世俗化し、堕落の一途をたどった。だから、日本仏教を取りあげるとすれば鎌倉仏教しかなく、なかんずく親鸞、道元、日蓮によって代表される云々、と。

また、明治以後の仏教史が書かれることは比較的少なく、おおむね、江戸時代で終っている。

こうしたステロタイプな日本仏教史観にもとづいて、鎌倉仏教を強調するあまり、他の時代の仏教がネグレクトされがちであったことは率直に認めなければならない。今日、知識人の間で、日本仏教の祖師たちの著作や思想などを取りあげる場合も、まだほとんど道元、親鸞、日蓮に限られているといってよい。

奈良のいわゆる学問仏教が日本仏教の教学の基礎となっていること、平安仏教が日本仏教の複合ないし統合をはたしたこと、これに対して鎌倉仏教が選択をおこなったこと、さらに室町・江戸の庶民仏教がよかれあしかれ現代仏教の宗派の骨格をつくっていることは、もっと見直されなければならないように思われるのである。

二

わが国の仏教は朝鮮半島から高句麗《こうくり》、百済《くだら》、新羅《しらぎ》の仏教の順に渡来した。とくに中国の東晋系の百済仏教が初期の日本仏教の形成にあずかって力があった。百済の聖明王《せいめいおう》が欽明帝に仏像経巻などを献上したことは、仏教の公伝としてよく知られているところである。

聖徳太子の仏教には謎の部分が多い。太子が高句麗の慧慈《えじ》、百済の慧聡《えそう》から学んだ背景には高句麗と百済との政治的な対立があるようである。

大陸では隋から唐の時代に移行し、舒明帝のときから唐仏教がわが国に入ってくるが、その代表的な仏者は慧隠《えおん》らである。推古帝三十二年（六二四）にはすでに「寺四十六所」と『日本書紀』に記録するように、当時の大陸文化は仏教という衣装をまとって渡来してきた。もちろん、その仏教は今日からみても学問的にはきわめて高度なものである。大陸文化は絶えずわが国の文化に影響を与えながら飛鳥、白鳳期をへて奈良時代におよぶ。

聖徳太子は慧慈を師とし、梁《りょう》の法雲の思想的影響を受けているが、法雲の『法華経義記』を依用した隋の智顗《ちぎ》の『法華玄義《ほっけげんぎ》』にみえる三教・五時教は次のとおりである。

| （三教） | | （五時教） |
| --- | --- | --- |
| 頓教 | 華厳経 | |
| 漸教 | ①小乗経 | 有相教 |
| | ②般若経 | 無相教 |
| | ③浄名経・思益・諸方等経 | 抑揚教 |
| | ④法華経 | 同帰教 |
| | ⑤涅槃経 | 常住教 |
| 不定《ふじょう》教 | 勝鬘経、金光明経等 | |

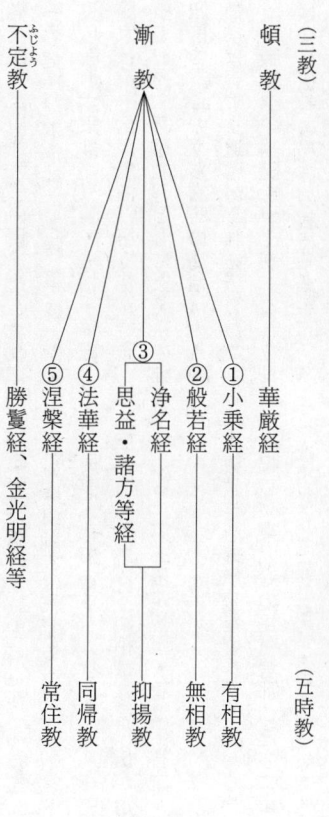

『三経義疏《さんぎょうぎしょ》』が聖徳太子の撰述だとすれば、三教・五時教の漸教《ぜんきょう》中に『浄名経《じょうみょうきょう》』（維摩《ゆいま》経《きょう》）、『法華経』、不定教《ふじょうきょう》に『勝鬘経《しょうまんぎょう》』がみられるのは注目すべきであろう。

奈良仏教の六宗は、三論《さんろん》・法相《ほっそう》・華厳《けごん》・倶舎《くしゃ》・成実《じょうじつ》・律《りつ》である。

三論宗は第一伝が慧《え》灌《かん》、第二伝が智蔵、第三伝が道慈である。法相宗は第一伝が道昭、第二伝が智通・智達で、ともに玄奘《げんじょう》系の唯識《ゆいしき》学である。第三伝が智鳳・智鸞《ちらん》・智雄、玄昉《げんぼう》が第四伝で、このうち玄昉の功績は大きい。

華厳宗は唐より道璿《どうせん》がこれを伝えた。さらに法蔵教学を継承した審詳《しんじょう》が新羅からやってきて、華厳教学の基礎をつくり、これを良弁《ろうべん》が興起し、東大寺の毘盧舎那仏《びるしゃなぶつ》建立によって華厳は奈良仏教の最高の教権を確立した。それはやはり三教（頓教・漸教・不定教）中の頓教としての華厳が顕揚されたものとみることができる。

倶舎宗は法相宗の偶宗、すなわち付属的な宗である。また成実宗は三論宗の偶宗である。

律宗はこれをわが国に伝えた道光、道璿がいずれも四分律《しぶんりつ》によっており、とくに道宣の南山宗の四分律がわが国に伝来した。そしてまた、わが国律宗の開祖鑑真《がんじん》も、知られるように南山宗を伝えたのであった。

これらの六宗が前提となって天台・真言の平安仏教がどのように形成されていったかを、次にみなければならない。

三

最澄は天台法華一乗を立場として天台宗を開いた。

最澄が十九歳のとき筆写した『円頓止観《えんどんしかん》』『法華玄義』『四教儀《しきょうぎ》』は、いずれもすでに鑑真の伝えていたものであることからも知られるように、鑑真のそれは最澄の天台宗の先駆的な存在である。鑑真が南山宗の四分律のみならず、天台・法相・三論を伝えたのは、当時の唐仏教の一断面を物語っているといえよう。すなわち諸宗兼学をもって旨としたものである。このことは奈良仏教の六宗についても認められるのであって、それらの宗は鎌倉以降のいわゆる宗派（宗団）にはなく、自由に兼学ができる一種の学派であった。これが十分に理解されなければ、平安時代の複合ないし統合の仏教としての天台・真言の存在理由は明らかにならない。

最澄は円（法華）・密・禅・戒の四宗兼学をもって天台宗の教学体系をつくりあげた。円（法華）は円頓で完全に速かに悟るを説く『法華経』の教えである。四宗兼学といっても、その核心をなすものは法華である。最澄の師事した行表《ぎょうひょう》が天台法華教学を継承した人物であったから、その影響によることは容易に察することができよう。仏教の歴史的展開を跡づけるならば、和国《わこく》の教主・聖徳太子の『法華経義疏《ほけきょうぎしょ》』、鑑真の天台教学、そして行表から最澄への天台法華一乗の流れが認められる。

ただし、最澄は鑑真の伝えた四分律を廃棄し、新たに大乗円頓戒《だいじょうえんどんかい》を創唱した。大乗（円頓）戒のもとはといえば、最澄が入唐して道邃《どうずい》からこれを受けたのである。

南都諸宗はいずれも四分律によっていた。律はいうまでもなく、仏教の根本道法である戒《かい》・定《じょう》・慧《え》の三学のうちの戒律である。

したがって、四分律を廃棄し、東大寺戒壇院《かいだんいん》の存在を無視したのは南都仏教そのものを否定したことを意味する。そこで、南都仏教と最澄とがまっこうから対立し抗争するに至ったわけである。

南都仏教の代表者は、法相宗の護命《ごみょう》であった。最澄の後半生は護命を相手どった南都仏教との理論闘争に終始した。それというのも、新しく天台法華一乗の教学を樹立するためには南都仏教と訣別しなければならないと考えられたからである。四分律の廃棄は南都側にとってはまさしく革命的宣言であったと思われる。

もう一つある。それは法華教学を確立するためには南都の教学に対するその優位性を主張しなければならないということである。そこで、最澄が教学批判の対象として取りあげたのは法相と三論とであった。法相宗はインド大乗仏教における唯識派に由来する。唐の玄奘がこれを伝え、弟子窺基《きき》によって法相宗が開かれた。この唐の法相宗がわが国に伝えられたのである。いっぽうまた、三論宗は『中論《ちゅうろん》』『百論《ひゃくろん》』『十二門論《じゅうにもんろん》』をもって所依《しょえ》の論書とし、インド大乗仏教において唯識派と双璧をなす中観派《ちゅうがん》に由来する。そして、唐代に三論宗として成立したものがわが国に伝えられた。

法相・三論はインド大乗仏教の二大学派の流れを汲むだけに、いずれかといえば哲学的理論的な色彩がつよい。

最澄は行表の薫陶を受けたこともあり、また南都留学の期間が短かったので本格的に法相・三論を学ぶ機会がなかったからであろうか、もしくは性格的なものもあったのか、いずれにせよ、法相・三論のような哲学理論は嫌いであった。いいかえると、最澄は信の仏者であり行の人であったようである。それは『法華経』の信仰がそのような方向を決定づけたとみてよさそうである。

だから、最澄は法相・三論をはっきりと名指しで論宗だといい、わが宗は『法華経』によってたつ経宗だといっている。そして、論宗より経宗が勝れていると主張した。このことは、経宗を立場とし天台法華一乗を学ぶのが目的で入唐すると言明したことからも知られる。

さきにものべたように、奈良仏教は六宗あっても、その精神はあくまでも兼学にあった。ところが、最澄はここで兼学の精神を棄てて、『法華経』を選び択《と》ったわけである。一般には鎌倉時代の仏教を選択《せんじゃく》の仏教だといっている。たしかにそのとおりだが、わが国で最初に選択をおこなったのは最澄であった。南都側の受けた衝撃は大きかったにちがいないし、当時の人びとにとっては革命的な行為であったと思われる。しかし、論宗より経宗が勝れていることについては、経が仏説であるとみられている以上、最澄の宣言に賛成する人びともまた多かったのである。

もっとも最澄も最初から独自の選択をおこなったのではなく、たとえば、延暦二十五年（八〇六）正月の『天台法華宗年分縁起』には南都諸宗を列挙して兼学を認めている。*

＊華厳宗二人、天台法華宗二人、律宗二人、三論宗三人。小乗成実宗を加え、法相宗三人、小乗倶舎宗を加える。

これに対する同年正月二十六日の太政官符によれば、

華厳業二人　并びに五教指帰　綱目を読ましむ。

天台業二人　一人をして大毗盧《だいびる》遮那《しゃな》経《きょう》を読ましめ、一人をして摩訶《まか》止観《しかん》を読ましむ。

律　業二人　并びに梵網経《ぼんもうきょう》もしくは瑜伽《ゆが》声聞地を読ましむ。

三論業三人　二人をして三論を読ましむ。一人をして成実論を読ましむ。

法相宗三人　二人をして唯識論を読ましむ。一人をして倶舎論を読ましむ。

次に四宗中の密教についてみると、すでに南都側は三論宗の善識や勤操《ごんぞう》などに認められるように密教を兼学している者が少なくない。また法相宗の護命門下の源仁などもその方面で知られた人物であることは、源仁の門下より真言宗の聖宝《しょうぼう》（理源大師）や益信《やくしん》を輩出したことによってもうかがわれよう。

空海は南都に学んでいたころ、おそらくすでに『大日経』など主要な密教経典にふれていたと思われる。これに対して、最澄は南都で密教を学ぶ機会はまずなかったとみてよい。周知のとおり、入唐《にっとう》帰国まぎわに越州で順暁《じゅんぎょう》より密教を学んで帰った。これが天台系の密教（台密）の基礎になる。だが、順暁の密教は善無畏《ぜんむい》系のものではあるけれども、唐密教の主流ではなかった。

いずれにしても、空海にさきがけて密教を最初に伝えたのは、じつに最澄である。帰国後、この新しい仏教である密教は朝野を挙げて驚異の眼をもって迎えられた。最澄は円密一致の見解をとった。

禅について最澄は入唐中、達磨《ダルマ》禅を学んでいるし、天台の摩訶止観《まかしかん》も大乗禅の一種とみることができるので、天台教学の中に禅もまた組みこまれた。戒については大乗円頓戒を樹立したことをすでにみた。

要するに、最澄の兼学の精神は奈良仏教に対してもあったが、四宗に限定し、四宗融合をめざすところの複合主義的な立場で天台法華一乗の旗色を明らかにした。これが最澄の天台宗である。

## 四

最澄と同時代の空海は、真言宗の開祖である。むろん、真言宗は密教である。空海の密教は主著である『秘密曼荼羅十住心論《ひみつまんだらじゅうじゅうしんろん》』と『秘蔵宝鑰《ひぞうほうやく》』とにみられる十住心体系に明らかである。十住心体系は分かりやすくいえば、人間精神、心の発展段階を十種に分かち、低次元の世界から高次元の世界へと進展する。と同時にそれは修行の階梯および一般思想・哲学・宗教の歴史的発展の種々相を示しているものでもある。そこで、後者についていうと、次のような図表にまとめることができる。

| | | |
|---|---|---|
| 第一住心 | 倫理・道徳以前の世界 | 外教 |
| 第二住心 | 儒教その他 | 外教 |
| 第三住心 | 道教・バラモン教・インド諸哲学 | 外教 |
| 第四住心 | 声聞乗 | 小乗 |
| 第五住心 | 縁覚乗 | 小乗 |

第六住心──法相宗
第七住心──三論宗　権大乗
第八住心──天台宗
第九住心──華厳宗　実大乗　大乗　仏教（内教）
第十住心──真言密教

このうち、第二・第三住心で律の一部が取りあつかわれ、第四・第五住心は小乗で、奈良仏教でいう倶舎・成実が該当する。第六住心以下はみられるとおりであるが、第六住心は唯識派、第七住心は中観派をふくむ。次の第八・第九住心はそれぞれ天台・華厳に当て、これら両宗は中国仏教の諸宗を代表する双璧である。したがって、第六・第七と第八・第九とで、インド大乗仏教、中国仏教を包含する。そして最後の第十住心の密教は歴史的にみると、インド大乗仏教の発達の最終段階に位置し、中国仏教にとっては最新のインド伝来の仏教である。したがって十住心体系の全体がじつは仏教史を形成していることが知られる。そのなかで、天台を第八、華厳を第九に配したことの意義を考えてみることにしよう。

華厳と天台、すなわち華《け》天《てん》両一乗が中国仏教を代表することはいうまでもないが、空海は十住心体系の中にこれら両宗を位置づけするのに、もっとも腐心したのではないかと想像される。十住心の構想はすでにかなり早くより、すなわち帰朝直後から形成されつつあったようであるが、前述の両書として公表したのは天長七年(八三〇)であるから、すでに最澄入滅後のことである。もしも最澄が存命中だったならば、どのような事態が生じたであろうか。

『法華玄義』には頓教に『華厳経』を、漸教に『法華経』を配当する。空海は十住心体系を確立する場合に、このことを十分に意識していたのではないかと思われる。

最澄入滅後、かれの高弟たちが密教を学ぶために続々と空海のもとに集まったことは、史実に明らかである。最澄在世中でも、泰範《たいはん》のように空海の弟子になって再び比叡山に帰還しなかった者もいる。

最澄は論宗に対する経宗を主張してやまなかった。にもかかわらず、なぜ南都仏教の教学を代表する『華厳経』を疎外しつづけたのであろうか。華厳は頓教ではないか。最澄のいうまさしく経宗そのものではないか。

この事は筆者にとっての最澄の謎である。これに対して、空海は華厳を第九住心に据え、仏教の哲学理論としては最高峰の位置にあることを明確に認めた。

空海もまた最澄と同じく南都戒壇で受戒した。だが、終生、四分律は棄てなかった。空海の密戒(密教の戒律)は三昧耶戒《さんまやかい》である。空海は新律すなわち有部律《うぶりつ》を唐から伝えた。

しかも顕戒（顕教の戒律）の上に密戒をたてることによって顕戒を是認する。そして、南部の小乗戒も密戒に包擁したのである。これでは四分律と密戒とは対立のしようがない。天台が選択による複合仏教だとすれば、真言は統合による包摂《ほうせつ》仏教だということができる。

## 五

鎌倉仏教は天台宗の分流として発展し、その選択の方向をいっそう徹底させ、最澄の信《しん》行《ぎょう》の精神を発揮して文字どおりの日本仏教が誕生したのであった。したがって、日本仏教の基本的性格もしくはわが国の仏教文化に対する理解を深めるためには天台の、とくに本《ほん》覚《がく》思想をもっと重視しなければならないと思うのである。ところがまた、別箇の立場からみれば、鎌倉仏教の選択は密教の一密成仏《いちみつじょうぶつ》の徹底化の方向をおしすすめたものともいえよう。すなわち専修《せんじゅ》念仏の浄土宗と唱題《しょうだい》成仏の日蓮宗とは口密《くみつ》（語密）成仏、公案《こうあん》話頭の臨済宗と只管打坐《しかんたざ》の曹洞《そうとう》宗は身密《しんみつ》成仏、信心為本《しんじんいほん》の真宗は意密《いみつ》成仏の点で、密教と共通項をもつ。

平安仏教あっての鎌倉仏教であるが、また鎌倉仏教によって平安仏教はいっそう発展せしめられた。だが、鎌倉仏教の特色が選択にあるとすれば、逆にその難点は、いずれの宗派にも仏教の統一理論が欠けていることであろう。この意味で個別的な宗派仏教は江戸時代の産物でなく、すでに鎌倉時代に認められる。

なお、空海の密教について一言ふれておきたい。

ひろくアジア仏教史において八、九世紀は密教の時代であった。このころ、インド大乗仏教は密教の最盛期を迎え、その密教はヒマラヤを越えてチベットに、あるいは海を渡って東南アジア全域、また南海の諸島にも伝播《でんぱ》した。そして中国からわが国へと流伝した。ほとんどアジア全域にひろがった密教のなかで、空海密教にはどのような意義と位置とが認められるだろうか。

近時、インド・チベット・南海の密教研究がすすんでいる。また今も信仰が生きている北方仏教すなわちインドのラダック地方やスピティを中心とする地方、またネパール、シッキム、ブータン、そしてモンゴル、ロシヤのブリヤート地方を中心とするバイカル湖東岸地区のいわゆるザバイカル、あるいはエニセイ河上流域、カスピ海西岸のカルムクなど、その他の仏教がすべて密教である事実に目をおおうことはできない。そうしたアジア史的な広大な視野の中で、わが国の密教を捉え直すこともまた、日本仏教の重要な課題のひとつではないだろうか。

# 空海の生涯と思想

## 空海の家系

　空海（七七四―八三五）はいうまでもなく、平安初期に真言宗を開いた人である。しかし、一宗派の開祖にとどまらない。わが国文化の母といわれるように、文化的、社会的な実践活動の面においても、まことに多彩な足跡を残しているのであって、後代に与えた影響もはかり知れないものがある。

　空海の弟子の真済《しんぜい》が書いたとされる『空海僧都《そうず》伝』には次のようにある。

　和上《わじょう》、故《もと》の大僧都、諱《いみな》は空海、灌頂《かんじょう》の号を遍照金剛《へんじょうこんごう》という。俗姓は佐伯直《さえきのあたい》、讃岐国《さぬきのくに》多度郡《たどのこおり》の人なり。その源は天尊より出づ。次の祖は昔、日本武尊《やまとたけるのみこと》に従って、毛人《えみし》を征して功あり。因《よ》って土地を給う。便《すなわ》ち、これに家す。

　空海が誕生した佐伯邸跡は現在の四国の香川県善通寺市善通寺だとされている。

　寛平七年（八九五）三月十日の年記のある貞観寺《じょうがんじ》座主の『贈大僧正空海和上伝記』には

「去《い》じ宝亀五年（七七四）甲寅誕生す」とある。

『三代実録』巻五の貞観三年（八六一）十一月十一日の条に、空海の出身の佐伯氏一族の出自が記録されている。これは空海の父、佐伯直田公《あたいたきみ》以下十一人の同族に佐伯宿禰《すくね》の姓を賜わり、左京職《さきょうしき》に所属せしめることにしたものであって、これを奏上したのは、伴善男《とものよしお》であった。善男は当時、中納言、民部卿、皇太后大夫であった。奏上にあたっては、書博士の佐伯直豊雄《とよお》の記録にもとづいていることが知られる。

佐伯直田公一族の家系をみると、田公の子に鈴伎《すずき》麻呂、酒麻呂、魚主、それに空海がいる。鈴伎麻呂の息は貞持、貞継、葛野《かどの》、酒麻呂の息は豊雄（書博士）と豊守、魚主の息は粟氏である。

空海の『三教指帰《さんごうしいき》』巻下に「二兄重ねて逝《ゆ》いて数行沈《す》瀾《こうかんらん》たり」とあるので、空海にはお二人の兄がいたことは確かである。

豊雄の記《しる》すところによれば、佐伯直の先祖は大伴健日連《おおとものたけひのむらじ》で、景行天皇のときに倭武命《やまとたけるのみこと》にしたがって東国を平定し、その勲功によって讃岐国を賜わった云々とある。また佐伯同族の出身である真持《まもち》、正雄らにはかつて宿禰姓を賜わったのであるが、それは実慧《じちえ》、道雄《どうゆう》の功によるものである。ところでまだ、田公一門は宿禰をえておらない。田公は空海の父で、また実慧、道雄は空海の弟子である。このような次第であるから、正雄らの例に準じていただきたい、というのが、豊雄の推薦の趣旨である。

なお、これによれば、田公一門に宿禰姓が贈られるに当たっては、豊雄の他に空海の弟子の真雅《しんが》も尽力するところがあった。したがって、真雅は血縁的にみて空海にごく近い佐伯一門の出身であったもののようである。また、従来、空海の高弟の実慧、道雄は空海と同じ佐伯氏出身だとされているが、書博士の豊雄の記すところにしたがえば、この二人は佐伯直ではあっても、別系の佐伯氏出身であったことが知られる。

空海の時代には大伴と佐伯とは同祖であると信じられていたようだ。伴善男が田公一門に宿禰姓を賜わるように奏上したのも、そうした血縁的なつながりが意識されていたのであろうと思われる。

空海の出身の佐伯直は佐伯部に属している。讃岐の国造《くにのみやっこ》の家柄であるが、佐伯部は本来、六、七世紀ころ蝦夷《えぞ》の虜囚《りょしゅう》をさしていったのであり、かれらを管理していた国造もいつしか佐伯部とよばれるようになったものである。

中央にあって地方の佐伯部を支配していた佐伯連《むらじ》は大伴氏を出自とするのであって、したがって佐伯直と佐伯連とはおのずから家系を異にしていた。こうした空海の出自のいわゆる蕃別《ばんべつ》の、いわば土俗性は、天才空海の一面をなす庶民性を形成した遠因ともなっていると考えられよう。

空海の母方の姓は阿刀《あと》氏である（『御遺告《ごゆいごう》』第一条）。阿刀氏の家系は明らかでないが、伯父《おじ》の阿刀大足《おおたり》は桓武天皇の皇子の伊予親王の侍講《じこう》となったほどの大学者である。空海は幼少年のときから、大足について儒教を学んだ。後年著わした文芸評論『文鏡秘府論《ぶんきょうひふろん》』の序文で「貧道、幼にして表舅《ひょうきゅう》に就《つ》いて頗る藻麗《そうれい》を学びき。長じて西秦に入って粗《ほぼ》、余論を聴く」といっている。

つまり、おさないときに大足について大いに文章を学んだ。青年時代に唐に渡ったが、その残るところを聞いただけだ、というのである。

もっていかに空海が大足から蒙った学恩が大きかったかが知られよう。『三教指帰』序によれば、十五歳にして大足に師事していたようで、おそらく国学に入学して大足に学んだものと思われる。

## 修行時代

それから十八歳のとき、大足にともなわれて都にのぼり、大学に入学したのであった。

このころ、都は奈良の平城京から長岡京に遷《うつ》っていた。

空海は国学も大学も中途退学をしているようである。大学に入ったのも明経科であるから、将来、国家の官吏となることを目ざしていたにちがいない。しかし、そのコースを変更するにいたったいきさつは延暦十六年（七九七）十二月一日に書きあげた『三教指帰』の序に明らかである。

余《われ》、年、志学《しがく》（十五歳）にして外氏阿二千石文学の舅《きゅう》について伏膺《ふくよう》し鑽仰《さんぎょう》す。二九（十八歳）にして槐市《かいし》に遊聴《ゆうてい》す。雪蛍《せっけい》を猶《なお》怠れるに拉《とりひし》ぎ、縄錐《じょうすい》の勤めざるに怒《いか》る。爰《ここ》に一《ひとり》の沙門《しゃもん》あり。余《われ》に虚空蔵聞持《こくうぞうもんじ》の法を呈《しめ》す。其の経に説《い》わく、もし人、法に依って此の真言《しんごん》一百万遍を誦《じゅ》すれば、即ち一切の教法の文義諳記《もんぎあんき》することを得《う》。

十八歳で大学に入学して刻苦勉学していたとき、たまたま、ある一人の修行者と出会って、虚空蔵求聞持法《こくうぞうぐもんじのほう》を授かったのである。これは奈良時代の仏者たちもしばしばおこなったのであって、虚空蔵菩薩という密教の仏をまつり、その真言一百万遍を百日間にわたって念誦《ねんじゅ》するものである。「一切の教法の文義諳記することを得」とあるように、一種の記憶力増進の方法であるが、非常な苦行であることはいうまでもない。

右のような『三教指帰』の一節をそのまま素直に読めば、大学の学業の成就をめざして求聞持法を修行したようにも受けとれる。

しかし、求聞持法を修行中、空海にとって生涯の方向を百八十度転換させる大きな回心があった。すなわち、

ここに大聖の誠言《じょうごん》を信じて飛燄《ひえん》を鑽燧《さんすい》に望む。阿国大滝岳《あこくたいりゅうがたけ》にのぼりよじ、土州室戸《としゅうむろと》の

崎《さき》に勤念《ごんねん》す。谷響きを惜しまず、明星来影す。遂にすなわち朝市の栄華念念にこれを厭《いと》い、巌藪《がんそう》の煙霞《えんか》日夕《じっせき》にこれを飢《ねが》う。軽肥《けいひ》流水を看《み》ては電幻の歎き忽《たちま》ちに起り、支離《しいり》懸鶉《けんじゅん》を見ては因果の哀《かな》しみ休《きゅう》せず。目に触れて我を勧《すす》む。誰かよく風を係《つな》がん。

（そこで、私はこれは仏様のお言葉であるから間違いはないと信じて、木を擦《こす》って火を出すときのように、少しも怠ることなく、阿波の大滝岳にのぼり、土佐の室戸崎でこの教えの修行に励んだ。すると、谷はこだまし、明星があらわれるなど、この経典に説かれている現証があり、奇蹟があった。

それ以後、私は名誉や財産に対する欲望がなくなった。そして、人びとの集まる都や市場を離れたところで生活することを朝に夕に切望した。軽やかな衣、肥えた馬といった贅沢な暮しを見ると、あれは水の流れのようにすぐさま消えてゆく哀れなものだと思い、また不具者や、つぎはぎのみすぼらしい衣を着ている人を見ると、どういう因縁でこうなったのかと、気の毒になった。このような様子を見るにつけても、私は出家したいと思った〈『最澄・空海集』日本の思想1・筑摩書房、一一二―一一三頁〉）。

求聞持法を修しているうちに、いわゆる無常観をいだくにいたり、都会人士の軽薄な享楽的生活や人の世の因果の実相を知って、一切の俗塵を断つ決意をかためたのであった。官吏としての出世コースは、要するに、あさはかな、ありきたりの世俗的幸福を追い求めるに終わるだけのことである。その転機が四国の名山霊跡をたずねて山野を跋渉しながら求聞持法を修したことにあったのは、空海がみずから右のように述懐しているとおりである。

『三教指帰』の別本である『聾瞽指帰《ろうこしいき》』下巻によれば、「或は金巌に登り」とある。これに空海みずから万葉仮名で加禰乃太気《かねのたけ》と割注してあるので、吉野山の最高峰、金峯山《きんぷせん》に擬せられている。また、「石峰に跨《のぼ》る」とあり、これは伊志都知能太気《いしづちのたけ》とあるので、四国の最高峰、石槌山《いしづちさん》をさしていっていることは確かである。

青年時代の空海は一介の山岳修行者であったことが知られ、まだ正式に出家得度した者であったのではない。

## 謎の六年間

『三教指帰』を書いた翌年の二十五歳より延暦二十三年(八〇四)五月に入唐するまでの六年数カ月間は杳《よう》として消息が不明である。しかし、入唐中および帰朝後の瞠目《どうもく》すべき活動の準備期がまさしく、この雌伏の時代であったのである。『続日本後紀』巻五、承和二年(八三五)三月二十二日の条に『三教指帰』序にもとづいた空海の青年時代の略伝が載っており、そのあとに次のようにある。

筆を下して文を成す。世に伝う三教論（＝三教指帰）、是れ信宿《しんしゅく》の間に撰するところなり。書法に在《あ》りて最もその妙を得、張芝《ちょうし》と名を斉《ひとしく》し、草聖と称せらる。年三十一、得度。

延暦二十三年入唐留学し、青竜寺恵果《しょうりゅうじけいか》和尚に遇《あ》い真言を稟《う》け学ぶ。その宗旨の義味、該通せざるなし。遂に法宝を懐いて本朝に帰来し、秘密の門を啓《ひら》き、大日の化を弘《ひろ》む。天長元年、少僧都に任じ、七年、大僧都に転ず。自ら終焉《しゅうえん》の志あり、紀伊国金剛峯寺《こんごうぶじ》に隠居す。化去《けこ》の時年六十三（二の誤写）。

当時、『三教指帰』があまねく世に知られていたことが、これによってうかがわれる。

三教とは儒教と道教と仏教とであって、当時の思想を代表しているものである。亀毛《きもう》先生という人物を登場させて儒教を語らせ、次に虚亡隠士《きょぶいんし》が登場して道教を語り、終りに仮《か》名乞児《めいこつじ》が現われて仏教を説く。「要するに儒教は立身出世のための人倫の道を説くにすぎず、道教はこれに対して世間の名利を厭《いと》い、ひとり神仙の不死の道をもとめるものである。しかし、これらは、一切衆生を救済することを究極の理想とする広大無辺な仏教の教えには及ばないとするのである。ここに登場する仮名乞児は、一見眼をそむけるようなみすぼらしい乞食スタイルの優婆塞《うばそく》（半僧半俗）であって、『たまたま市に入るときは瓦礫、雨のごとくに集り、もし津を過ぐるときは、馬屎《ばし》、霧のごとく来る』者であった。もちろん、当の空海自身がモデルになっていることはいうまでもない」(渡辺照宏・宮坂宥勝共著『沙門空海』四四頁。筑摩書房刊、筑摩叢書84)。

しかしながら、三教に優劣を認めながらも、それぞれの教えが世におこなわれているのは、さまざまな素質をもつ者にあてがって説かれているのであるから、三教の帰するところは一つでなければならないというのである。

この『三教指帰』はわが国における最初の思想批判書である。しかも、その批判の方法は儒教より道教へ、道教より仏教へとすすむ。

このような批判方法は密教の専門用語でいえば、心品転昇《しんぽんてんしょう》ということになる。後年の空海の主著には、より明らかに、心品転昇の体系が構成されている。それはすべての思想を排除するのでなく、宇宙的生命の発現として、それらを包摂するような思想像である。これがすなわち、空海の密教の中核をなす曼荼羅《まんだら》世界にほかならない。

もちろん二十四歳の当時、空海はまだ本格的な密教にふれる機会はなかったと思われるけれども、すでにそうした密教的な思想像が原型として発芽していることは、注目しなければならない。

伝承では二十歳のときに和泉国槇尾山寺《いずみのくにまきのおさんじ》で石淵《いわぶち》の勤操《ごんぞう》に沙弥戒《しゃみかい》を受け、二十三歳のとき奈良東大寺の戒壇院《かいだんいん》で具足戒《ぐそくかい》を受けた。また、その翌年には大和国高市《たけち》郡久米寺《くめでら》の東塔の下で『大日経』を感得したといわれる。『大日経』感得の伝説は密教を学ぶために入唐するにいたる伏線として、歴史的な何らかの根拠があるのかも知れないが、出家得度したのは『続日本後紀』にもとづいて、延暦二十三年（八〇四）、三十一歳で得度したものとみなければならない。

## 入唐、三十一歳

この年五月十二日に難波《なにわ》の港（現在の大阪）を出帆して入唐の旅にのぼったのである。遣唐大使は藤原葛野麻呂《かどのまろ》であって四船団よりなり、この第一船の葛野麻呂の船に空海は橘逸勢《たちばなのはやなり》らとともに一行二十三名のうちの一人として乗りこんだのである。第二船の判官菅原清公《きよきみ》の船には伝教大師最澄らが乗っていた。最澄は比叡山を開いた人で、帰朝後、日本天台宗の開祖となった。

この遣唐四船団が内海を航行し、博多に寄り、肥前《ひぜん》国田ノ浦（現在の長崎県平戸市）を出帆したのは、『日本後紀』巻十二によれば、この年の七月六日のことであった。まもなく船団は暴風雨にあって四散し、第一船は八月十日に福州赤岸鎮《せきがんちん》の南に漂着した。

このとき、日本から派遣された国使である旨を福州の観察使《かんざつし》（地方長官）の閻済美《えんさいび》に書きおくったのが、空海であった。つまり、空海は大使、葛野麻呂に代わって筆をとったのである。

許されて一行が中国大陸を北上して、唐の都、長安（現在の西安《シーアン》）に到着したのは、この年の十二月二十三日のことであった。

中国側の正史である『旧唐書《くとうじょ》』では最澄、空海ともに留学生《るがくしょう》であると、明記してある。しかし、わが国では最澄は還学生《げんがくしょう》、空海は留学生の待遇を与えている。還学生はすでに学業なった者が、短期間、外国を視察してくるものであり、留学生は長期間、外国にとどまってかの地の文物を学んで帰るものである。空海は橘逸勢とともに留学生に選ばれ、ことに空海は二十年間留学を目標にして唐に渡っている。

最澄は最初から天台宗を学ぶことを目的として入唐したのであるから、第二船が明州の寧波《ニンポー》府に着いて上陸後、まもなく、弟子の義真をつれて、目ざす天台山に登って道邃《どうずい》に遇っている。

当時、長安が唐密教の中心地であるということは、さきに入唐した人たちから、空海もそうした情報を耳にしていたにちがいない。だから大使一行にしたがって一路、長安を目ざして行ったものと思われる。

葛野麻呂一行は十二月二十五日に徳宗《とくそう》の接見もあって、無事、大使としての任を果たしたので、翌年二月十日長安の宣陽坊《せんようぼう》を発《た》って帰国の途についた。あとには空海と逸勢が西明寺に残った。

　そのころ、カシュミール出身の般若三蔵《はんにゃさんぞう》、中インド出身の牟尼室利《むにしり》三蔵が長安の醴泉寺《れいせんじ》にきていた。かれら二人から直接、空海が教えを受けることができたのは、まことに歴史の幸運であったといわなければならない。とくに般若三蔵からは、三蔵みずから翻訳した新訳『華厳経』四十巻、『大乗理趣六波羅蜜多経《だいじょうりしゅろくはらみたきょう》』十巻、『守護国界主陀羅尼経《しゅごこっかいしゅだらにきょう》』十巻、『造塔延命功徳経』一巻の計四部六十一巻のほか、梵本《ぼんぽん》三点を贈られた。

　わたくしは少年時代に仏門に入り、全インドを歴遊した。この中国までも来たのも、ひとえに法を伝えんがためである。今また、さらに船を浮かべて日本までゆきたいが、すでに老骨のゆえ、果たすことができない。どうか、あなたがわたくしに代わってこの経典をもちかえり、日本にわたくしの縁を結んで、人びとを救っていただきたい、というのが、般若三蔵の空海に対する伝言である（『請来目録』）。

　胡本の『大乗理趣六波羅蜜多経』を三蔵が翻訳するに際して、その協力者の一人に景浄がある。景浄は「大秦景教流行中国碑」の撰文者で、ネストル教のアダム・スミスその人である。当時、長安にはネストリウスの教えを奉じた大秦寺が四カ寺もあったから、空海は当然、キリスト教の一派を見聞する機会にも恵まれたにちがいない。右の経典は、その後、般若が梵本を入手して改訳している。

また、マニ教やゾロアスター教（祆教《けんきょう》）のようなペルシャ系の異国の宗教も、長安の都ではおこなわれていたのである。

密教はすでに八世紀にヴァジラボーディ（中国名、金剛智）、シュバカラシンハ（同じく善無畏）の両巨匠によってインドから直接伝えられたが、なかんずくヴァジラボーディの弟子アモーガヴァジラ（不空金剛）より恵果《けいか》に密教が伝えられていた。六十歳の恵果の伝持する密教が中唐の最後の法燈であった。

## 恵果との出会い

長安で勉学中の空海は、名師を訪ね歩いていたが、青竜寺の恵果の名声を伝え聞き、さっそく西明寺の志明《しみょう》、談勝《だんしょう》ら、五、六人の法師とともに恵果を訪問した。その出会いはまことに劇的であって、恵果はあたかも空海の来訪をかねてから待ちあぐねていたかのようであった。六月十三日に学法灌頂壇《かんじょうだん》に入って胎蔵《たいぞう》の灌頂《かんじょう》を受け、七月上旬には金剛《こんごう》界の灌頂を、八月十日には阿闍梨《あじゃり》位の伝法灌頂を受け、このわずか二カ月間に、密教の大法をことごとく授かった。

恵果は李真《りしん》ら十余人の仏画師に曼荼羅や密教の祖師像を描かせ、あるいは経典を写経生に筆写させ、また趙呉《ちょうご》に法具十五を新鋳させて、これらを空海に与えた。

空海は、師、恵果の恩徳にこたえて、袈裟と七宝をちりばめた手香炉とを献げたのであった。

恵果は密教の大法をことごとく空海に授け終ってから、「早く郷国に帰って国家にたてまつり、天下に流布《るふ》して蒼生《そうせい》の福を増せ。しかれば四海泰《やす》く、万人楽しまん云々」と遺言して、この年十二月十五日に青竜寺の東塔院で入滅した。翌年一月、空海は門下を代表して恩師の碑文を撰した。

空海の漢詩文集『性霊集《せいれいしゅう》』に収める「大唐神都青竜寺故三朝の国師、灌頂の阿闍梨恵果和尚の碑」の一文が、それである。異国の一青年留学生は「弟子空海、桑梓《そうし》（故郷）を顧みれば東海の東、行李《あんり》を想えば難が中の難なり。波濤万々たり、雲山幾千ぞ。来《きた》ること我が力にあらず、帰らんこと我が志にあらず」と、入唐した心中を切々と披瀝している。

四月には越州の節度使に内外の経書の蒐集を依頼している。その文中に、「衣鉢竭《つ》き尽きて人を雇うことよくせず。食寝を忘れ書写に労す。日車《じつしゃ》（月日）返りがたくして忽《たちま》ちに発期《はつご》（帰国の時期）にせまれり。心の憂《うれい》ある、誰に向かってか紛《いきどおり》を解かん」と嘆いている。

在唐中、空海は離合《りごう》の詩を作って剣南の惟上《ゆいじょう》に示したところ、惟上はそれを泉州の馬総《ばそう》（馬摠）にみせた。馬総は韓退之《かんたいし》とも盛んに詩酒を交わした大詩人で、『旧唐書』などにも、その伝記が載っている。ところで、馬総は空海の詩をみて驚きあやしんで、次の一詩を返礼として贈っている。

何ぞ乃《なんじ》万里より来たれる。
その才を衒《てら》うにあらざるべけんや。
学を増して玄機を助けよ。
土《と》人《じん》、子《なんじ》が如きなるもの稀なり。

（あなたは、どうして万里の波濤を越えて、わざわざ、この国へやって来たのですか。まさか才能をひけらかすためではありますまい。だが、せっかくいらっしゃったのです。学問をますます究めて、心性をみがかれるように。あなたのような方は、中国の者ですら稀にみるところです。）

ざっと、こんな意味である。馬総は空海をなかば、ひやかし半分にからかっているわけである。

中唐を代表する朱千乗《しゅせんじょう》の詩集をわが国にもたらしたのも空海であるが、空海の帰朝にあたって、朱千乗はとくに送別の一詩を贈っている。また青竜寺の恵果門下の義操も詩人として聞こえ、空海に送別の詩を送っているが、これはわが国の『経国集《けいこくしゅう》』に収められている。このほか、多くの文人墨客、書家などとも親交を結んでいる。朱少端《しゅしょうたん》、曇清《どんせい》、鴻漸《こうざん》、鄭士《ていし》は別離に際して、詩を送ったのである。わが国から中国に渡った仏者のうちで、これほど帰朝を惜しまれた者を知らない。

空海が遣唐副使、高階真人遠成《たかしなのまひとおなり》の船で逸勢とともに明州の浜辺を発ったのは八月頃である。

大同元年（八〇六）十月二十二日の日付で遠成に託して、唐から請来《しょうらい》した経論などのリスト（『請来目録』）を献上している。遠成はこの年の十二月十三日に入京、復命しているが、空海は九州太宰府にそのまま留まったまま、なぜか、入京することがなかった。

## 高雄山寺で修法

大同四年（八〇九）二月三日、空海は最澄に刺《し》を投じている。またこの年八月二十四日に最澄は弟子の経珍を使いに空海から密教経典十二部を借覧している。十月四日には『世説』八巻のうちの秀文を屛風両帖に揮毫して嵯峨天皇に献上している。

さきにもみたように、『続日本後紀』によれば、入唐前にすでに「書法に在りて最もその妙を得、張芝と名を斉《ひとし》くし、草聖と称せらる」とあるように、能筆家として天下にその名が知られていた。張芝は後漢の書家で、草書にたくみであったので草聖といわれた。その張芝と名を競うほどであったというのである。

帰朝後の空海が、まず書家として認められたということは、請来した密教が新しい仏教であって、まだ誰人にも理解されていなかったのにもよるのであろう。

大同四年（八〇九）四月に嵯峨天皇は二十四歳で即位しているが、この年、空海は二十六歳である。

翌弘仁元年（八一〇）九月に、藤原薬子《くすこ》、仲成の共謀による奈良遷都と平城上皇の復位をはかったクーデターが発覚し、薬子は自殺し、仲成は殺された。嵯峨天皇の皇太子であった高岳《たかおか》親王は廃された。親王はのち、出家して空海の弟子となり、真如《しんによ》（親王）と名乗った。親王はインドに渡って、仏教をきわめようと志して旅をつづけたが、今のシンガポール近くの羅越国でなくなったと伝えられている。

薬子の事件の直後、空海は高雄山寺で国家を鎮護するための修法をおこないたいと願い出て、勅許をえて十一月一日より実修した。これは請来した『仁王経《にんのうきょう》』や『守護経』などの護国経典にもとづいてなされたわが国最初の密教による修法であった。

高雄山寺は和気《わけ》氏一族の氏寺であった。入京した空海が最初に居を定めたのも、ここであり、当時、和気真綱《わけのまつな》の援助を受けたのである。

『東大寺要録』によると弘仁元年から同四年（八一三）まで、空海は東大寺別当職に任ぜられている。

弘仁二年（八一一）より翌年にかけて、唐より請来した詩書、梵字書、古人の筆蹟、その他を嵯峨帝に献上した。そのうちでも狸毛《たたげ》製の唐筆を作って東宮（後の淳和帝《じゅんなてい》）に献げているのは注目される。

空海が一躍、世人の注目の的となるようになったのは、高雄山寺における弘仁三年（八一二）の灌頂《かんじょう》である。このとき灌頂を受けた者のリスト、いわゆる『灌頂歴名《れきみょう》』が空海の自筆のものとして現存する。

空海が入唐したのは、極言すれば密教の灌頂の作法を学ぶためであったといってもよいであろう。同じく入唐した最澄はついに在唐中、灌頂を受ける機会をもたなかった。そこで十一月十五日に金剛界の灌頂をおこなったとき、最澄はすすんで、受者となった。他に和気真綱、仲世《なかよ》の兄弟、美濃種人《みののたねと》がいる。これは結縁《けちえん》灌頂であって、曼荼羅の諸尊と縁をむすぶ儀式である。さらに十二月十四日に同じく高雄山寺で胎蔵灌頂をおこなった。このときの受者は最澄以下計百四十五名の多数にのぼった。

翌年二月より三月にかけて、最澄は多くの弟子を高雄山寺の空海のもとに送って密法を学ばせ、また伝法灌頂を受けさせている。

さきの高雄山寺の灌頂で、先輩格になる最澄がすすんで空海より灌頂を受けたことは、最澄が空海の弟子となったことを意味する。

新帰朝者の空海が平安仏教界に重要な位置を占めるようになったことはいうまでもない

が、最澄の最愛の弟子、泰範《たいはん》を空海のもとに遣わして密教を学ばせているうちに、泰範は空海の弟子になってしまった。最澄の督促が再三に及んだにもかかわらず、ついに泰範は最澄のもとへ帰ることがなかった。最澄と空海という両巨匠は、この泰範問題を機にして、おのずから相分かれてゆくことになるのである。

## 高野山開創

弘仁五年（八一四）八月三十日、空海は下野《しもつけ》の伊博士の依頼を受けて、日光山を開いた勝道《しょうどう》の徳を讃えた「沙門《しゃもん》勝道山水を歴《へ》て玄珠を瑩《みが》くの碑」の文を撰した。勝道は日光山の登頂に二回失敗し、三度目に登攀に成功したのであった。山岳修行者としての空海がとくにその登頂の記録をかねた一文を書いたことは意義深いものがある。すでに空海の存在は東国地方までも伝わっていたのであった。

翌六年（八一五）には弟子の康守、安行たちに託して東国地方にいる仏者に密教流布の協力を頼んでいる。このころ、東国に君臨していた法相宗の徳一《とくいつ》のもとへも、康守らが遣わされた。また北九州方面へも同じく空海の代わりに弟子たちが派遣されたのである。

弘仁七年（八一六）紀州の高野山を密教修行の道場として賜わりたい旨を書いた上奏文を朝廷に差し出した。

紀伊国伊都郡《いとのこうり》高野の峰にして入定《にゅうじょう》の処を請け乞《う》うの表

（前略）

空海、少年の日、好んで山水を渉覧《しょうらん》せしに、吉野より南に行くこと一日にして、更に西に向かって去ること両日程《りょうじつてい》、平原の幽地《ゆうち》あり。名づけて高野《たかの》という。計《はかりみ》るに、紀伊国伊都郡の南に当る。四面高嶺にして人蹤蹊《じんしょうみち》絶えたり。今、思わく、上《かみ》は国家の奉《おん》為《ため》にして、下《しも》はもろもろの修行者の為に荒藪《こうそう》を芟《か》り夷《たいら》げて、聊《わず》かに修禅の一院を建立せん。経の中に誡《いまし》むることあり、「山河地水は悉《ことごと》く国主の有《う》なり。もし比丘《びく》、他の許さざる物を受用すれば、即ち盗罪を犯す」。しかのみならず、法の興廃は悉く天心に繋《か》けたり。もしは大なりとも、もしは小なりとも、自ら由《ほしいまま》にせず。望請《ぼうせい》すらくは、かの空地を賜わることを蒙って早く小願を遂げんことを。しからば四時に勤念《ごんねん》して雨露の施しを答せん。

もし天恩允許《いんきょ》せば、請う、所司に宣付せよ。軽《かるがる》しく震扆《しんい》をけがして伏して深く悚《しょう》越《えつ》す。

沙門空海　誠惶《せいこう》、誠恐謹言。

弘仁七年六月十九日　沙門空海上表

これによると、空海は少年の日に高野山に登っている。吉野山を起点として、高野山へ登るコースが記されており、その地理的景観も簡潔な筆致で描写されている。

山岳修行者としての空海は、青年時代に四国の山野を跋渉して久修練行《くしゆれんぎよう》したのであるが、おそらく奈良留学中に、紀州の山々にもしばしば足を運んだにちがいない。その折に偶然、「平原の幽地」高野山を発見したものと思われる。

なお、この上表には、主殿助《とのものすけ》布勢海《ふせのあま》にあてた書状がそえられた。それには、空海が唐から帰朝の船中で、海が荒れたので、無事帰国することができれば、修禅の一院を建立してむくいたいと、神明《しんめい》に誓いをたてたことがあった。それを今果たすために、高野山を開創するのである、とある。

従来、奈良の仏教をみても分かるように、立派な寺院は数多くあるけれども、高山深嶺に入って、本当の仏法を修行する者は稀である。それは修禅観法の法、すなわち密教が伝わらず、また修行にふさわしい場所もなかったからである。このようなわけで、いままでの仏教を革新するためにも、ぜひ高野山を開かなければならない、というのが、空海の開創の意図するところである。

真の仏者は「国の宝、民の梁《はし》」でなければならない。高野山を開創するのは一つには国家のためであり、一つには、そうした意味の真の仏者を育成するにある。

空海は七月八日の勅許をまって、まもなく、弟子の実慧《じちえ》と泰範を遣わして、高野山の実地踏査をおこなった。

弘仁十年（八一九）五月三日、高野山の中心をなす、現在「伽藍《がらん》」とよばれる場所を結界した。古来から伝えられるように、伽藍を中心とした七里四方をも結界した。

高野山の伽藍配置は、南面して東西に二基の仏塔を建立し、その前方に金堂を配する企画にもとづいてなされた。東塔は現在、根本大塔《こんぽんだいとう》とよばれているそれで、胎蔵曼荼羅をかたどり、西塔は金剛界曼荼羅を象徴する。最近、東塔が再建されたので、根本大塔は東西二基の塔の中央に位置する。

こうした伽藍配置は中国にもわが国にも他に類例のないものであって、全く空海の独創である。

しかし、高野山の伽藍経営は苦難の連続であった。七尺の銅鐘を鋳造するときの勧進文にも「然《しか》りといえども、道人清乏にして志あって力なし。伏して乞う、有縁《うえん》の道俗、各涓《けん》塵《じん》を添えてこの願を相済《あいさい》せよ」とあり、ことに東西二基の仏塔の建立に当たっては、次のような入寂《にゅうじゃく》の前年、承和元年（八三四）八月二十二日付の願文があるところから、おそらく空海の在世中には完成をみなかったらしい。

（前略）この故に、しきりの年、四恩を抜済し、二利を具足せんがために、金剛峯寺にして毘盧舎那《びるしゃな》法界体性《ほっかいたいしょう》の塔二基及び胎蔵金剛界両部曼荼羅を建て奉る。しかも今、工夫数多くして粮食《りようしよく》給《つ》きがたし。今思わく、もろもろの貴賤四衆とこの功業を同じくせんと。

一塵大嶽を崇《たか》くし、一滴広海を深くするゆえは、心を同じくし力をあわするが致す所なり。伏して乞う、もろもろの檀越《だんおつ》等、各一銭一粒の物を添《そ》えてこの功徳《くどく》を相済《あいすく》え。然れば営む所の事業《じごう》、不日《ふじつ》にして成り、所生《しよしよう》の功徳、万劫《まんごう》にして広からん云々。

密教の理想とするところは上求菩提《じようぐぼだい》、下化衆生《げけしゆじよう》――上《かみ》、菩提を求め、下《しも》、衆生を化《け》す――にある。下化衆生は、空海の言葉をかりれば「済世利民《さいせいりみん》」である。この済世利民の社会活動は今日、数知れない弘法伝説を生んで、全国的に伝承されている。しかし、その歴史的事実をふりかえってみるとき、空海の治水と教育について、ぜひのべておかなければならない。

### 満濃池の修築

讃岐国多度郡は空海の故郷である。その地方に満濃池《まんのうのいけ》とよばれる大貯水池がある。これは大宝年間（七〇一―七〇三）に築いたといわれる。弘仁九年（八一八）に決潰した。そこで築池使の路浜継《みちのはまつぐ》を派遣して修築工事に当たらせたが、三年がかりでなお成功しなかった。池があまりにも大きい割合に人力が不足していたことによるものであった。

そこで、弘仁十二年（八二一）四月、空海を満濃池修築の別当とするように、国解《こくげ》が朝廷に差し出された。その一節に、空海の徳をたたえ、「百姓、恋い慕《した》うこと実に父母のごとし」といっている。

多度郡の百姓作人がいかに空海の下向を待ちのぞんでいたかが知られる。当時の情況から推測して、この年の六月からほぼ三カ月間で、空海はこの大工事を完成している。在唐中におそらく、築堤の技術をも学ぶところがあったにちがいない。

今日、この満濃池は香川県仲多度郡の満濃町にあり、洪積《こうせき》丘陵の浸食谷をせきとめた日本一の溜池《ためいけ》として、あまねく知られている。昭和二十八年に改修されて近代的なダムになった。周囲約二十キロ、最大水深三十一メートル。

空海以来一千百余年間、海原のような満々たる神秘の水をたたえて、今なお灌漑面積じつに三千町歩の広大な丸亀平野の田地をうるおしているのである（ちくま学芸文庫『沙門空海』一九二頁参照）。

また、大和国益田《ますだ》池が完成したとき、空海は「大和の州《くに》益田の池の碑」の銘文を撰した。

これは空海が直接、工事を指揮監督したのではないが、空海と親交のあった伴国道《とものくにみち》がこの大工事を終始、指導したので、とくに空海に撰文の依頼があったのである。碑銘には天長二年（八二五）九月二十五日とある。

『新撰格式』の撰者のひとりとして知られる藤原三守《みもり》も、文化的な交流を通じてかねてから空海と親交をかさねていた。空海は一国の文化振興の基礎が学校教育にあることを、在唐中にかの長安の教育制度を視察してきてから、痛感していた。加うるに青年時代の刻苦勉励の経験から、誰でも入学できる庶民のための学校を建てて理想の教育をおこないたいと念願していた。その良き理解者であり、これに協力したのが、三守であった。三守は東寺の東隣りの堀川ぞいの自邸を空海に提供したので、空海はこれをよろこんで貰い受け、宿願の学校を開設した。綜藝種智院《しゅげいしゅちいん》がそれである。これはわが国最初の庶民学校であるばかりか、世界の教育史上においても類例をみないものである。

天長五年(八二八)十二月十五日に、教育理想を記した『綜藝種智院式并序』を著わした。それによれば、この学校は一切の学藝を綜合的に教授することを目的として校名がつけられたものである。その典拠は密教の根本経典『大日経』具縁品《ぐえんぼん》にある。

空海によれば、教育には四つの条件を必要とする。第一には教育環境がよくなければならないということ、第二にはあらゆる学問を綜合的に教育し、人間教育を眼目とするということ、第三には多くのすぐれた先生をえることが必要であるということ、第四には教師と子弟との生活を保障すること(完全給費制)。

当時は淳和院、弘文院《こうぶんいん》、勧学院《かんがくいん》、学館院、奨学院《しょうがくいん》、文章院《もんじょういん》などの学校があったが、いずれも皇族、貴族の子弟を教育する機関であった。

アメリカの世界的な科学史家サートンは、満濃池の築堤と綜藝種智院の開設のゆえをもって、人類の科学文化史上で九世紀における最大の科学者の一人に、空海をあげている。

## 東寺建立

弘仁十四年(八二三)一月十九日、嵯峨帝は京都の東寺を空海に給預した。この寺院は王城鎮護のために、延暦十三年(七九四)に平安京の建設をはじめてからまもなく建立に着手したもので、南面の正門である羅城門をはさんで東西に配置されたうちの一つである。西側には西寺が建立された。

空海に東寺が給預されたのは、まだその工事が完成していなかったので、これを空海に依頼したのである。天長三年(八二六)十一月に、五重塔の建立に着手した。伽藍建立についても、空海はすぐれた天分の才を発揮している。とくに協力者として傑出していたのは弟子の実慧《じちえ》であったようである。

東寺の伽藍配置は南大門、金堂、講堂、食堂《じきどう》を一直線においており、これは奈良時代の様式を踏襲している。しかし、講堂には五仏・五菩薩・五大明王・六天の二十一尊の密教像を安置し、密教による鎮護国家の道場とした。これらの尊像の配置は空海の独創になる特異な曼荼羅世界を構成している。その大部分の尊像は今もなお、東寺講堂に安置してあって、空海の往時の模様をそのまま伝えている。

東寺を中心とした活動は天長九年（八三二）の春ころまでつづく。この間、天長七年（八三〇）に淳和《じゅんな》帝の勅命で、当時の六宗の宗義書を提出させた。このとき、空海は『秘《ひ》密曼荼羅《みつまんだら》十住心論《じゅうじゅうしんろん》』十巻と『秘蔵宝鑰《ほうやく》』三巻を著わしたのである。

この両書は空海の主著であって、真言密教について書かれた、わが国における最高の作品であることはいうまでもない。『十住心論』を広論とすれば、『宝鑰』は略論に相当する。いずれも、人間精神の発達段階をかりに十に分けて説いたもので、同時にまた綜合的な思想批判書でもある。青年空海の処女作『三教指帰』の批判精神がはるかに広く、深くひろがって、これらの両書となって結晶しているといえよう。

湯川秀樹博士が空海の人間像を「宇宙的生命の自己表現」といっているのは、この双璧の主著を読み通すときに、その感をいっそう深くする。

空海は天長九年の夏に高野山で万燈会《まんどうえ》という法会をおこなっている。これは万燈万花《まんどうまんげ》を仏前に供えて、一切衆生の幸福を祈るものであって、このときの願文の一節、「虚空尽《つ》き、衆生尽き、涅槃《ねはん》尽きなば、わが願いも尽きん」という言葉は有名である。

このころ、空海は一切の宗教的社会的な活動より退いて、高野山にこもったのである。

山野を跋渉して修行した一介の優婆塞《うばそく》の時代から、高野山を開創し、そしてやがて、高野山を終焉《しゅうえん》の地と定めるのである。ここに空海の密教の本質的なものがうかがわれる。

承和二年（八三五）三月二十一日、高野山において、多くの弟子たちにかこまれながら、身をかくしたのであった。行年、六十二歳。

承和五年（八三八）、円行《えんぎょう》らが入唐し、かつての空海の師、恵果の墓前に、空海の入滅をいたむ実慧の書状が献げられた。

その中に、「その後、和尚（空海）、地を南山に卜《ぼく》して一伽藍を置き、終焉《しゅうえん》の処とす。その名を金剛峯寺《こんごうぶじ》という。今上《きんじょう》の承和元年をもって都を去り行いて住す。二年の季春（三月）、薪尽き火滅す。行年六十二。ああ、哀しいかな、南山、白に変じ、雲樹、悲しみを含む。一人《いちにん》（天皇）傷悼して弔使馳騖《ちぶ》す。四輩《しはい》、嗚咽《めいいん》して、父母を哭《こく》するが如し。ああ、哀しいかな。実慧ら、心、火を呑むに同じく、眼《まなこ》、沸泉《ふっせん》のごとし。死滅することあたわず云々」とある。

空海とは恵果同門の義真がこれに対して弔問の書状を円行に託したのであった。このようにして、空海がなくなって四年目にはその訃報が海のかなたの唐までも伝わり、かの地にあっても、多くの人びとが深く哀悼の意を表したのである。日中の文化交流史上において、全く異例なことといわなければならない。

空海の真言密教は、曼荼羅を説く宗教である。曼荼羅はサンスクリット語の maṇḍala の音写語で、さまざまの訳語があるが、輪円具足《りんねんぐそく》という語が曼荼羅の本来の意味をよくあらわしている。一箇の輪がさまざまな部分、要素から成立っていて、それじたい全体的な統合性をもっているのにたとえている。つまり、密教の深秘の生命的世界をさまざまな人格的表現をもって示したものである。空海は、密教の世界は奥深くて、普通の言葉をもってしては説くことができないから、かりに図画をもって示す。これが曼荼羅だといっている。

マンダラという言葉はスイスの生んだ世界的な精神医学者ユングが用いてから、今日では深層心理学で一般に用いられていて、世界語になっている。イタリアの東洋学者ツッチは「宇宙的心理図」とよんでいる。

真言密教には胎蔵曼荼羅と金剛界曼荼羅とがある。前者は中央の円を中心とし、四方に拡散したかたちで数限りない仏・菩薩・諸天が排列されている。後者は幾何学的な九つのしきりをもっており、それぞれの諸尊が円形のなかに描かれている。構図からすれば、金剛界曼荼羅のほうが、より複雑である。それらの仏・菩薩・諸天の中心をなすのは、密教の本尊である法身《ほっしん》大日如来である。法身大日如来は宇宙的生命に人格内容を与えた存在で、あらゆる存在はこの法身より顕現したものであり、またこの法身に帰一する。

曼荼羅は秩序と調和をもった高度の統合性をもつために、象徴の中の象徴といえる。空海の密教が難解だとされるのは、宗教的体験の世界を表現する場合に、すべて象徴をもってする点にある。この象徴の解読は逆にまた一定の作法による宗教的体験を通さなければならない。

## 永遠の世界

一般仏教すなわち顕教《けんぎょう》に対して、密教の特色は、この宗教的体験すなわち象徴了解のための、ひろい意味での実践実修が要請されるところにあるといえよう。その裏づけとして、さきにのべた『十住心論』『宝鑰』には人間精神の弁証法的な発展の過程が克明に説かれていて間然するところがない。

空海は顕教と密教との関係について『宝鑰』では非連続観を示し、『十住心論』では顕教はことごとく密教の現われだとする意味で連続観を示している。『弁顕密二教論』では顕教と密教との相違を絶対者たる法身が説法するか、いなかにもとめている。密教の密教たるゆえんは法身説法にあることを明らかにしたわけである。

この法身との融合をめざすのが即身成仏《そくしんじょうぶつ》である。すなわち密教的な意味での宗教的人格の実現がはかられる。この問題を取扱ったのが『即身成仏義』である。また法身説法を前提として、万有一切、あらゆる存在は言葉であるという、密教に独特の言語哲学を説いたのが『声字実相義《しょうじ》』である。同じく『吽《うん》字義』は吽の一字に象徴される密教の真理を明らかにした、一種の言語哲学書である。

このほかに密教に関する空海の著作は数多いが、次に文芸作品を紹介しておきたい。『三教指帰』についてはすでにみたとおりである。これは、今日、日本漢文学史における最高峰と評されている。その別本は空海の真筆と伝えられ、現存する。

空海の漢詩文を弟子の真済《しんぜい》が編集したのが、『遍照発揮性霊集《へんじょうはっきせいれいしゅう》』十巻である。その内容とするところは詩、碑銘類、表、啓《けい》、公文書、願文などと、きわめて多岐にわたり、平安初期の文化的資料としても、無比のものである。

おそらく空海の在世中に編集されたものと思われる。

また、空海の書翰類を編成したものに『高野雑筆集』がある。高野山開創や東国布教、あるいは空海をとりまく人びととの人間関係を知るのに、まことに貴重なものであるといわなければならない。

今日、残存する『経国集《けいこくしゅう》』(全二十巻、良岑安世《よしみねのやすよ》らが天長四年に撰進)六巻のうちには空海の漢詩が七首載っている。その撰者の一人の良岑安世と空海とは詩文を通じて水魚の交わりがあった。『性霊集』には空海が安世に贈ったいくつかの詩文を収めてある。

真済のいうところによれば、師空海は筆を下せば、たちどころに詩文ができあがったという。しかし、空海は実作したのみならず、入唐中に中唐の代表的詩人の詩集、たとえば『劉希夷集《りゅうきい》』や『朱千乗集《しゅせんじょう》』などをわが国に紹介した。嵯峨帝に献上したもののなかには、『王昌齢集《おうしょうれい》』など日本に最初に伝えられたものが数少なくない。

空海の文名を不朽ならしめたものは『文鏡秘府論』六巻とその略論の『文筆眼心抄《ぶんぴつがんじんじょう》』一巻である。これらは作文概論に文芸評論をかねたもので、沈約《しんやく》、劉善経《りゅうぜんけい》、皎然《こうぜん》、崔融《さいゆう》、元兢《げんきょう》などの三国六朝から唐代にわたる詩人たちの逸文の宝庫としても、まことに貴重な作品である。

また空海は『篆隷万象名義《てんれいばんしょうみょうぎ》』を著わした。これは梁の真本『玉篇《ぎょくへん》』にもとづきさらに独自の工夫を加えて編集した、わが国最初の辞典である。その内容は難解であるため、研究がまだすすめられていない。筆者の想像では綜藝種智院開設に備えて作ったものではないかと思われる。

書道においては三筆の一人に数えられるが、確かな真筆が残っているのは、空海だけである。青年時代の『聾瞽指帰《ろうこしいき》』にはすでに王羲之《おうぎし》の書風の影響が認められるといわれる。入唐中、さらに書の研究は深められ、顔真卿《がんしんけい》の書を学び、帰国後には、王羲之と顔真卿の書風にたった独自の書法を開発するにいたった。なお、内藤湖南は空海在唐中の書の指導者は韓方明であったのではないかと、のべたこともある。後世、大師流という一派も現われ江戸時代までおこなわれたので、いずれにしても、わが国書道史の第一頁を飾っているのが空海であることはいうまでもない。現存するものでは東寺の真言祖師像賛、『三十帖冊子』の一部、最澄宛の三通の書翰、『灌頂歴名《かんじょうれきみょう》』『大日経疏《しょ》要文記』『金剛般若経開題』など、すべて真蹟として確かなものであって、いずれも国宝に指定されている。

芸術の方面では曼荼羅や、仏像・仏画の制作、あるいは建築にあたっては、空海は実際にディレクターまたはプランナーであったということが『性霊集』などの願文によって窺い知られる。

『高野雑筆集』によれば、断片的ながら、人に薬草、薬石（石は石針）などを送り、その処方を指示している、二、三の書翰がある。また嵯峨帝の御厄《ぎょやく》に際して薬石を弟子の真朗に託して送っている。これらの事例からみて、在唐中に医療に関する知識をも学び、多数の漢方薬をもたらしたものと思われる。

空海は在世中にすでに万能に秀でた大天才であった。だから、その一面だけをとらえてみると、相互に矛盾するようなところがあるけれども、オールマイティーとして空海は時代とともに神秘化されてゆく。

平安中期には、すでに空海は入定《にゅうじょう》信仰の対象となっていた。入定は本来、宗教的な瞑想に入る意味であるが、それが転用されて、永遠の生命の世界に入って活動していると解されるようになった。空海は六十二歳で肉身を捨てたのではなく、今もなお、永劫に生きつづけて生きとし生けるものを救済しているという信仰である。

藤原道長が高野山に登って、奥の院に参拝したとき、大師が入定しているさまを見たと、『栄花物語』にある。『梁塵秘抄《りょうじんひしょう》』にも「弘法大師は高野の御山にまだおわします」と歌っている。

この大師信仰をひろめたのは、中世の時代に全国をくまなく歩いた高野聖《こうやひじり》たちであった。かつて空海の青年時代に修行した四国の聖地を巡って修行をする風習が鎌倉時代の初めに起こった。それは室町から江戸時代にかけて、庶民たちの巡礼にかわり、今日みるような四国八十八カ所霊場ができあがったわけである。

この霊場をめぐる功徳《くどく》ははかり知れないものがあるとされ、近年、お遍路はますます盛んになってきている。

空海は「弘法大師」として今もなお庶民信仰のなかに生きつづけているのである。

# 空海の教え

## 一

大師といえば、弘法大師空海のことだとされているほどに、古来、大師信仰は盛んにおこなわれてきた。だが、これまでに空海の教えは一般の人びとにはほとんどまったくといってよいほどに知られていなかった。

空海は平安初期のひとで、真言宗の開祖であることは、事改めていうまでもなかろう。真言宗は真言密教、さらには密教ともいう。密教はインド大乗仏教の発展における最後の段階で完成したから、いわば綜合仏教だということができる。この密教は七、八世紀ころに大成され、以後、北インドのパーラ王朝の滅亡する十三世紀初頭まで数百年にわたっておこなわれた。

組織的、体系的な密教は八世紀には中国に、九世紀には南海諸地域（スマトラ、ジャワなど）、またチベットにまで伝播し、北アジアを除くアジアのほとんど全域に流伝したのであった。

八世紀には唐(中国)にインドからシュバカラシンハ(唐名、善無畏《ぜんむい》)とヴァジラボーディ(唐名、金剛智)がやってきた。シュバカラシンハは『大日経』を、ヴァジラボーディは『金剛頂経』を訳出し、ここにはじめて体系的な密教が中国にも伝えられた。ヴァジラボーディの弟子アモーガヴァジラ(唐名、不空金剛、また広智とも)は西域とよばれた中央アジア地方の出身で、師といっしょに来唐し、多くの密教経典を翻訳するとともに『大日経』『金剛頂経』の密教を両部《りょうぶ》として組織し、中国密教の綱格が出来あがった。

さらにアモーガヴァジラの高弟に当る恵果《けいか》がこれを継承発展させ、入唐求法の空海に伝授したのであった。

したがって、空海の密教は八世紀ころのインド密教の主流を伝えたものである。わが国では『大日経』と『金剛頂経』との両部を二にして二ならず(二而不二《ににふに》)とする。ただし、天台系の密教(台密)では両部を各別のもの(二而《にに》)であるとして、二ならずとは説かない。

## 二

空海はアモーガヴァジラ、恵果の両部の大法といわれる密教を理論的、実践的に大成した。
「両部大法は諸仏の肝心、成仏《じょうぶつ》の径路」（『請来目録』）、「両部大法は諸仏の秘義、即身成仏の路」（『付法伝』）とあるように、両部の大法は要するに、即身成仏の実現を眼目とするとみるのが、空海の密教の基本的な立場である。即身については『即身成仏義』に、「いわく、身とは我身・仏身・衆生身、これを身と名づく。（中略）かの身すなわちこれこの身、この身すなわちこれかの身、仏身すなわちこれ衆生身、衆生身すなわちこれ仏身なり。不同にして同なり。不異にして異なり」とあるように、自己自身の即身成仏ではなく、一切衆生の即身成仏であることが理解されなければならない。

空海の主著は『秘密曼荼羅十住心論《ひみつまんだらじゅうじゅうしんろん》』十巻と『秘蔵宝鑰《ひぞうほうやく》』三巻とであって、他の多くの撰述はこの両著に集約されているとみることができよう。

秘密曼荼羅は密教の世界を秘密の曼荼羅とよんでいるのであって、それは十住心といわれるように、心の発達段階をかりに十種に分類して説いている。秘蔵もまた秘密の教えを蔵に喩《たと》えたもので、秘密の教えとは曼荼羅によって表現されたもののことである。

空海が「衆生本有《ほんぬ》の曼荼《まんだ》」というように、曼荼羅はすべてのものが本来具有している内面の世界であって、通常これを絵画的な表現によって示す。

曼荼羅には種々の意味がある。輪円具足という訳語をとってみると、無慮無数の仏・菩薩・明王・諸天・五趣《ごしゅ》（地獄・餓鬼・畜生・修羅・人間）などが集合的に描かれた図画は、あたかも輪円が具足しているかのようであるからである。つまりそれらの個別的な存在や諸要素が密接不可分の関係に組織されて全体像を形づくっており、しかも中心の存在である大日如来が全体と個との関わりにおいて総合的に全体を統合している。

空海は、密教の教えは奥深くて言語文字で表現することは困難であるから、かりに図画をもって密教の大生命の世界をまだ知らない人びとに示すのである（『請来目録』）と説く。

このようにして、曼荼羅という絵画的表現によって指示される絶対者としての大日如来の世界は、そのままわれわれ衆生の内面の世界として展開しているものでもある。その場合、みずからの心がそのまま仏のすがたにほかならないから、これを自心仏《じしんぶつ》という。また、こうした内面の世界でありながら、現象しているすべての世界がそこに表現されている。

このようなわけで、十住心にはあらゆる思想、哲学、宗教がふくまれる。仏教についてみても、初期仏教、アビダルマ（＝部派）仏教、インド大乗仏教を代表する中観派《ちゅうがんは》と唯識派《ゆいしきは》、中国仏教の双璧である天台宗と華厳宗の教えがこの順序で収められ、それらすべては密教によって総括されている。いわば全仏教が密教そのものであるというのが、空海の密教の基本的立場である。しかも、密教の独自性はそれらすべてを包摂しながら、それらを超越している点にある。

空海の十住心体系は人間精神の発達段階を明らかにしたものであると同時に、仏教の史的展開もしくは人間思想の形成順序を示している。

| | | | |
|---|---|---|---|
| 第一住心 | 倫理以前の世界 | 世間一般の思想 | 顕教 |
| 第二住心 | 倫理的世界 | | |
| 第三住心 | 救済的宗教 | | |
| 第四住心 | 声聞の教え | 小乗仏教 | |
| 第五住心 | 縁覚の教え | | |
| 第六住心 | 法相宗 | 大乗仏教に準ずるもの | |
| 第七住心 | 三論宗 | | |
| 第八住心 | 天台宗 | 真実の大乗仏教 | |
| 第九住心 | 華厳宗 | | |
| 第十住心 | 真言宗 | 秘密仏教 | 密教 |

## 三

空海の教えは実際のところ、十住心体系につきるといってよいが、理論と実践との関わりからみると、六大《ろくだい》・四《し》曼《まん》・三密《さんみつ》にまとめられる。

『即身成仏義』における「即身成仏頌《じゅ》」は、この六大・四曼・三密を説く。そして、これによって『秘密曼荼羅十住心論』と『秘蔵宝鑰《ほうやく》』との帰敬頌《ききょうじゅ》が構成されている。

空海が在唐中に恵果から教示されたものとして、この六大・四曼・三密をまとめた「即身成仏頌」が『秘蔵記』にみえているが、このような頌のかたちにまとめたのは空海だといってよいであろう。

六大とは、地・水・火・風・空・識の六つの粗大な要素である。『大日経』には地・水・火・風・空の五大が説かれているが、これに識大を加えたのは、まったく空海の独創である。五大は物質界、識大は精神界を表わすので、六大は宇宙を構成しているすべてのものである。

しかし、密教ではたんなる物質的存在、たんなる精神的存在を認めるのでない。物質的なものと精神的なものとの二元は本来対立的な存在ではなく、二にして一なるものであるとする。これを色心不二《しきしんふに》という。この限りにおいて空海密教は唯物論と観念論とのいずれでもない、いわば第三の立場にたつといえよう。

六大より宇宙が構成されるというだけならば、自然哲学と何ら異なるところがないであろう。

空海は、一切は六大よりなるところの宇宙法界の本体を身体とするものである、といっている。いいかえれば、この宇宙のすべては大日如来を象徴している。これを如来の三摩《さんま》耶《や》身《しん》という。

「もろもろの顕教の中には四大（地・水・火・風）等をもって非情とし、密教にはすなわちこれを説いて如来の三摩耶身となす。」（『即身成仏義』）

密教では単純なる物質的存在を認めていない。いかなる存在といえども、それは宗教的な意味での象徴として認識される。「六大よく一切を生ずることを表《あらわ》す」というように、六大によって万有一切は構成されている。したがって六大は、生ずるもの（能造《のうぞう》・能生《のうしょう》）、一切は生ぜられるもの（所造・所生《しょしょう》）である。このようにして、四種法身《ししゅほっしん》（自性《じしょう》法身・受用《じゆう》法身・変化《へんげ》法身・等流《とうる》法身）や三種世間（衆生世間・器世間・智正覚《ちしょうがく》世間）も六大によって生ぜられたものである。

「六大無礙《むげ》にして常に瑜伽《ゆが》なり」と「即身成仏頌」にいう。無礙は渉入自在、瑜伽は相応の意味であると説明している。

次に、四曼というのは、大曼荼羅・三昧耶《さんまや》曼荼羅・法曼荼羅・羯磨《かつま》曼荼羅の四種曼荼羅のことである。大曼荼羅は仏菩薩の全体像であり、三昧耶曼荼羅は仏菩薩が所持する器物類で、それらが象徴するもの。また法曼荼羅は本尊を象徴する種子《しゅじ》や真言、羯磨曼荼羅は諸仏菩薩等の威儀事業《じごう》である。これらは実際に曼荼羅を図画したり、あるいは仏像等が制作される場合にもあてはめられる。そして、密教の修法、瞑想の実践がおこなわれる場合にも適用される。

まえにのべた六大の世界観に即応せしめるならば、大曼荼羅は全体の存在、三昧耶曼荼羅は個の存在、法曼荼羅は一切の言語文字、羯磨曼荼羅は一切の活動を表わすものと解することができよう。

空海は「四種曼荼 各《おのおの》離れず」という頌について、「かれはこれを離れず、これはかれを離れず、なおし空と光との無礙《むげ》にして逆《さから》えざるがごとし」と説明している。

次に三密とは身密・語密・心密（意密）である。一般仏教（顕教）では身・語・意の三《さん》業《ごう》を説いて、三密とはいわない。身業は身体のはたらきで、身体活動。語業《ごごう》（口業《くごう》とも）は言葉のはたらきで、言語活動。意業は心のはたらきで、精神活動。三業を三密まで高めるのが密教である。密は秘密の意で、これについて空海は、「法仏（＝法身大日如来）の三密は甚深微細《じんじんみさい》にして等覚十地《とうがくじゅうじ》も見聞することあたわず、故に密という。（中略）衆生の三密もまたかくのごとし。故に三密加持《かじ》と名づく」と説いている。法身大日如来の三密と衆生であるわれわれの三密とが合一するのが三密相応で、加持というのは如来の三密加持力がわれわれに加わり、われわれの三密が如来の加持力を受け取ることを意味する。

具体的に三密加持とはいかなることかといえば、「もし真言行人《ぎょうにん》あってこの義を観察《かんざつ》して、手に印契《いんげい》をなし、口に真言を誦《じゅ》じ、心三摩地《さんまじ》に住すれば、三密相応して加持するが故に、早く大悉地《だいしつじ》を得《う》」とあるように、手に印を結び、口に真言を唱え、心を本尊の境地におくようにすれば、即身成仏の理想を実現することができるとされる。

加持について空海は、「加持とは、如来の大悲と衆生の信心とを表《あらわ》す。仏日の影、衆生の心水に現ずるを加といい、行者の心水よく仏日を感ずるを持と名づく。行者もしよくこの理趣を観念すれば、三密相応するが故に、現身に速疾《そくしつ》に本有《ほんぬ》の三身（法身・報身・応身）を顕現し証得す」と説いて、端的にその意義を明らかにしている。

「即身成仏頌」ではこれを「三密加持すれば速疾に顕《あらわ》る」という。「速疾に顕る」とは即身成仏の実現に他ならない。

三密に有相《うそう》の三密と無相の三密とがある。有相の三密は「手に印契をなし、口に真言を誦じ、心三摩地に住す」というように、宗教的な実践のかたちをとるもの。無相の三密は生活化された三密ともいうべきで、すべての身体的な動作、行動は身密、すべての日常的な言語活動は語密、すべての日常的な精神活動は意密となって、すべて本尊の三密に適《かな》うものでなければならない。

四

以上の六大は大（実体、本体）、四曼は相（属性、様相）、三密は用《ゆう》（活動、作用）に相当する。この大・相・用の分類は『釈摩訶衍論《しゃくまかえんろん》』の説によったものであるが、まったくインド的な範疇にもとづく。

『秘密曼荼羅十住心論』巻第十に、「究竟《くきょう》じて自心の源底を覚知し、実の如くに自身の数《す》量《りょう》を証悟す」とあるのは、自身の数量の証悟が胎蔵曼荼羅、自心の源底の覚知が金剛界曼荼羅に配される。即身成仏についてみれば、次のように即身と成仏とが対応されよう。

自身の数量の証悟＝胎蔵曼荼羅——即身
自心の源底の覚知＝金剛界曼荼羅——成仏

これによって金・胎の両部が不二《ふに》であるという教理も、即身成仏の実践においてはじめて成就されることが知られる。

一般仏教が唯心論的立場をとって、即心すなわち心に即してのさとりを実践目標とするのに対し、密教があえて即身を主張したのは、三密のうちの身密をもって代表せしめているからである。

われわれの身体は不浄なものであるとみるのが一般仏教である。が、密教では身体はいわば、そこにおいて仏身がそのまま具現されるところの、真理の器とみる。すべて具体的な形象に宗教的な象徴表現を認めるというのが基本的立場だからである。

このような六大・四曼・三密の密教世界観にもとづいて十住心体系が出来上っている。これを『秘蔵宝鑰』の序偈《じょげ》によってうかがってみよう。

第一住心　異生羝羊心《いしょうていようしん》——倫理以前の世界。

無知な者は迷って、わが迷いをさとっていない。雄羊のように、ただ性と食とのことを思いつづけるだけである。

第二住心　愚童持《ぐどうじ》斎心《さいしん》——倫理的世界。

例えば儒教や仏教の倫理道徳をさす。他の縁によって、たちまち節食を思う。他の者に与える心がめばえるのは、穀物が播《ま》かれて発芽するようなものである。

第三住心　嬰童無《ようどうむ》畏《い》心《しん》——宗教心の目ざめ。

救済的宗教のことで、例えば道教・バラモン教・インド諸哲学をさす。天上の世界に生まれて、しばらく復活することができる。それは幼児や子牛が母にしたがうようなもので、一時の安らぎにすぎない。

第四住心　唯蘊無《ゆいうんむ》我《が》心《しん》——無我を知る。

ただ物のみが実在することを知って、個体存在の実在を否定する。教えを聞いてさとる者の説は、すべてこのようなものである。

第五住心　抜業因種心《ばつごういんじゅしん》――おのれの無知を除く。いっさいは因縁よりなることを体得して、無知のものを取り除く。このようにして迷いの世界を除いて、ただひとり、さとりの世界を得る。

第六住心　他縁大乗心《たえんだいじょうしん》――人びとの苦悩を救う。一切衆生に対して計り知れない慈愛の心を起こすことによって、大なる慈悲がはじめて生ずる。すべての物を幻影と観じて、ただ心のはたらきのみが実在する。

第七住心　覚心不生心《かくしんふしょうしん》――いっさいは空である。あらゆる現象の実在を否定することによって、実在に対する迷妄を断ち切り、ひたすら空を観ずれば、心は静まって、なんらの相《すがた》なく安楽である。

第八住心　一道無為心《いちどうむいしん》――すべてが真実である。現象はわけへだてなく清浄であって、認識における主観も客観もともに合一している。そのような心の本性を知るものを称して仏（大日如来）というのである。

第九住心　極無自性心《ごくむじしょうしん》――対立を超える。水はそれ自体の定まった性《しょう》はない。風があって波が立つだけである。さとりの世界はこの段階が究極ではないという戒めによって、さらに進む。

第十住心　秘密荘厳心《ひみつしょうごんしん》――無限の展開。

密教以外の一般仏教は塵《ちり》を払うだけで、真言密教は庫《くら》の扉を開く。そこで庫の中の宝はたちまちに現われて、あらゆる価値が実現されるのである。

こうした即身成仏への階梯は、同時に六七頁の図のような人間精神の発展に壮大な鳥瞰《ちょうかん》図《ず》を与えている。

## 空海と最澄──その思想と交流の軌跡

空海と最澄とは同時代を生きた平安仏教界の巨匠でありながら、その存在は際だって対《たい》蹠的《しょてき》である。ひと呼んで世紀のライバル、という。

しかし、両者の出遇いから、交友、訣別まではあまりにも劇的にすぎるようであり、謎につつまれた暗部があまりにも多いように思われる。

たとえば、書蹟。書は人物を語るといわれる。最澄の書をほめる者は多いが、嫌う者はいない。清潔で簡素な筆致は、いかにも孤高の調べ高い人物をよく伝えているようである。梅原猛は、最澄を評して、最も澄める人、といっているが、確かにそうだと思う。

歴史学者辻善之助をはじめとして、多くの学者文人にファンをもつ書である。

一方、空海はわが国書道史上において特筆すべき超一級の書家という定評がありながら、意外にその書に対する好悪が分かれる。殊に現代人のなかには嫌悪の感すら抱いているように見受けられるひともいる。自由奔放な変幻性とエネルギッシュな粘着性とが生理的に合わないのであろうか。

印象批評的かも知れないが、ユング的な表現でいえば、最澄の生涯は単純直線型で閉鎖的・内向的であるのに対して、空海の生涯は複雑円環型で、開放的・外向的である。その思想と実践を通して、空海と最澄との立場、思考構造の相違などをうかがってみることにしたい。

## ライバル登場

空海と最澄とは時を同じくした入唐を契機として、やがて帰国後に両者は親しく結ばれてゆく。

もちろん、空海と最澄は生い立ちから、仏者となって修行する過程などがすべて異なっている。

最澄の幼名は、三津首広野《みつのおびとひろの》。父は百枝《ももえ》で、近江国滋賀郡古市郷《ふるち》に住んでいた。仏教の信仰の厚い人であった。最澄は十二歳で、同じ近江国の国分寺に住する行表《ぎょうひょう》に師事した。延暦四年（七八五）奈良東大寺で具足戒《ぐそくかい》を受けたが、百日足らずして七月中旬、奈良から姿を消して、比叡山に登ったのであった。入唐帰朝後の東国巡錫《じゅんしゃく》を除けば、最澄は終生、ほとんど比叡山に籠って修行に明け暮れている。

空海は幼名、佐伯直真魚《さえきのあたいまお》。父は田公《たきみ》で、讃岐国多度郡屏風が浦に住んでいた。母は阿刀《あと》氏。母方の兄弟には空海の幼少年時代からの教師をつとめた阿刀大足《あとのおおたり》がある。大足は桓武天皇の皇子伊予親王の侍講《じこう》をつとめた大学者である。空海は十五歳のとき、大足に伴われて上京。十八歳で大学に入り、まもなく、一沙門より求聞持法《ぐもんじのほう》なるものを授かって山岳修行の旅にのぼる。二十四歳の延暦十六年十二月一日に、思想劇『三教指帰《さんごうしいき》』を書いて出家を宣言する。それから三十一歳で入唐するまでの六年数カ月は杳《よう》として消息不明だが、山岳修行者として山野を跋渉したり、また私度《しど》の仏者として南都で各宗の教義を学んでいたことと思われる。

最澄は延暦二十一年（八〇二）九月、入唐求法のため上表文を差し出し、勅許があった。短期視察を目的とした還学生《げんがくしょう》だった。翌二十二年（八〇三）四月十四日に藤原葛野麻呂《かどのまろ》の遣唐船に乗りこんで難波《なにわ》を出帆してから、途中、暴風雨にあって、船は大破したので、最澄は十月二十三日より九州の太宰府竈門山寺《かまどさんじ》に留まって越年した。

延暦二十三年（八〇四）五月十二日、四船団よりなる大使葛野麻呂の遣唐船が難波を出帆した。このとき、空海はおそらく入唐僧の資格を得るために急遽得度《とくど》して、橘逸勢《たちばなのはやなり》とともに葛野麻呂の第一船に乗りこんだ。最澄は第二船の菅原清公《すがわらのきよきみ》の船に乗った。肥前田ノ浦を出帆したのが、この年の七月六日。最澄は天台山に登って天台教学を学ぶことを目的として入唐、空海は密教を学ぶため長安をめざして入唐した。空海はまだ無名の一青年僧であり、二十年を期間とする長期留学生《るがくしょう》であった。それもおそらく何らかの事情で欠員ができたため、補欠として留学生に選ばれたようである。

両者は船を異にしていたし、相互に名前くらいは伝え聞いていたにしても、正式の面接はなかったと思われる。

最澄は帰国間際の二カ月ほどの間、越州の順暁《じゅんぎょう》から善無畏《ぜんむい》三蔵系の密教を学んで帰国した。

空海は大同元年（八〇六）九月か十月初めころには帰朝したと思われる。太宰府にいて、この年十月二十二日付で『請来目録《しょうらいもくろく》』を判官高階真人遠成《たかしなのまひとおなり》に託した。この目録には一通の上表文が添えてある。それによると、二十年留学の予定が二年ほどで帰国した欠期《けつご》の罪は万死にあたいする云々とある。遠成は、この年十二月十三日に入京し、帰朝報告しているので、空海の『請来目録』も、このとき平城帝に差し出されたと思われる。

平城帝は、おそらくこの『請来目録』を最初に最澄にみせて下問したにちがいない。最澄は空海よりさきに帰国し、密教をわが国に初めて伝えた仏者として桓武帝をはじめ朝野をあげて歓迎したのであった。だから、最澄が帝にどのように奏上したかは想像の限りであるが、空海がインド直伝の密教の正統を伝えたこと、しかも無名の一青年僧であることなどを思って、おそらく動揺はかくしおおせなかったことと思われる。けっきょく、朝廷は空海の処遇に困惑したでもあろう。空海が筑紫に在住したままで、いつまでたっても上京の命が下らないのは、そのような事情があったからにちがいない。大同二年（八〇七）十一月、阿刀大足を侍講とした伊予親王が母の藤原吉子と服毒自殺した。例の藤原宗成《むねなり》のクーデター発覚の事件は、空海をして上京を遠慮させるものがあったかもしれない。最澄の入唐のパトロンは安殿《あて》親王であるが、空海は大足との関係から、伊予親王がパトロンであったとみられよう。

## 高雄山灌頂まで

さて、『伝教大師消息』と称する最澄の書翰《しょかん》は『伝教大師全集』巻五、『弘法大師全集』第五輯などに収めてある。最澄が空海にあてた書翰は約二十六通ある。

空海の書翰集には『高野雑筆集』があり、『弘法大師全集』第三輯などに収める。空海が最澄にあてた書翰は四通ある。だが、『遍照発揮性霊集補闕抄《へんじょうはっきせいれいしゅうほけつしょう》』巻第十に収める「叡山の澄和上啓の返報書」「叡山の澄法師の理趣釈経《りしゅしゃくきょう》を求むるを答《とう》する書」もまた最澄あての書翰である。もっとも前者は空海が泰範の代筆をしたもののようである（後述）。

大同四年（八〇九）二月三日、空海は最澄に刺を送り、自己紹介している（真偽はともあれ『延暦寺護国縁起』による)。そして、この年八月二十四日に最澄は空海に密教の典籍十二部の借覧を申し入れた。この文面は何らの挨拶ぬきで借用書名を列挙してある。

だから、それ以前から両者の間に書翰の往復があったことが考えられる。いずれにせよ、すでに最澄は空海の『請来目録』に克明に目を通しているはずである。そして、空海が入京したのは最澄の斡旋によるものであり、さらには和気氏の氏寺である高雄山寺に空海が入住するに当って、当主和気真綱《わけのまつな》に空海を紹介したのもおそらく最澄だったのではなかろうか。最澄より空海宛の書翰のうち、その多くは借経の申し入れに対して、惜しみなく空海が貸与しているのも、右の事情を伏線として考えるときには、最澄に対する空海の返酬の意味が多分にあったのであろう。

ともあれ、右の書翰は現存する最初のものであるから、全文を掲げてみよう。

謹んで啓《もう》す。法門を請借《しょうしゃく》する事

合して十二部

大日経略摂念誦随行法《りゃくしょうねんじゅずいぎょうほう》　一巻

大毘盧遮那成仏神変加持経略示七支念誦随行法　一巻

大日経供養儀式　一巻

不動尊使者秘密法　一巻

悉曇字記《しったんじき》　一巻
梵字悉曇章《ぼんじしったんじょう》　一巻
悉曇釈　一巻
金剛頂毘盧遮那一百八尊法身契印　一巻
宿曜経　三巻
大唐大興善寺大弁正大広智三蔵表答碑　三巻
金師子章《こんししししょう》ならびに縁起六相　一巻
華厳経　一部四十巻
右の法門、伝法のための故に蹔《しばら》く山室に借らん。敢て損失せず。謹んで経珍仏子に付して以って啓す。
大同四年八月二十四日　下僧最澄状上
最澄はすでに『大日経』の注釈書である『大日経義釈』(善無畏三蔵の『大日経疏《しょ》』の再治本)を読んでいるから、教理的な理解は得ていたことと思われる。しかしながら、密教では教理面の教相《きょうそう》と実践面の事相《じそう》とが相即しているのであるから、実践のためにはなお、事相関係の経典儀軌《ぎき》に通暁していなければならない。そこで『大日経略摂念誦随行法』以下四部四巻の『大日経』系の事相の典籍、『金剛頂毘盧遮那一百八尊法身契印』一部一巻の『金剛頂経』系の事相の典籍を含めたものの請借を書面で申し入れたのであろうと思われる。また、智広撰『悉曇《しったん》字記』一巻などの三部は密教を学ぶのに必須の梵語の知識を獲得するためである。『宿曜経』と『大唐大興善寺大弁正大広智三蔵表答碑』は最澄の関心がどこにあったかはともあれ、最澄自身にとっては緊要なものであったにちがいない。

また、『金師子章ならびに縁起六相』『華厳経』は、華厳教学に対するなみなみならぬ傾倒を示すものであって、後に三論宗と法相宗とを論宗として批判して、法華一乗をもってたつ天台宗を経宗とした立場と関連があるように思われる。すなわち、最澄は華厳宗を批判の対象としていないが、おそらく当初は華厳の批判も意図していたのではなかろうか。

ともあれ、初期の借用書翰で最澄がもっとも関心を寄せたのが、『大日経』であったことは確かである。

真言宗では『大日経』の注釈書として善無畏の『大日経疏』を用いる。これは空海が『請来目録』に記載し、また『大日経疏要文記』(草本残闕)の真筆本を残しているように、わが国に『大日経疏』を最初にもたらしたのは、実に空海であった。

空海宛の次の書翰は、この『大日経疏』をも空海から借用転写したむきを伝えているものである。

大荘厳論　壱部　一十三巻(十五巻の誤り)

右の論、永く真言宗の助に宛てん。今、惟《おも》うに、大日経疏に副《そ》えて秘府に収めんと。これ深く望むところ、謹んで稽首和南《けいしゅわなん》す。

弘仁四年正月十八日　弟子最澄状上

弘仁二年（八一一）十一月九日に乙訓寺《おとくにでら》に別当として空海は赴き、翌三年（八一二）十月二十九日に解任になっている。そして、再び高雄山寺に帰着した。この間、三年九月二十九日に最澄は奈良から比叡山に帰る途中、乙訓寺に空海を訪ねて、将来の仏法流布について懇談し、一泊している。それは空海から灌頂を受ける許可をえるためであった。

諸種の準備を整えてから、十一月十五日に高雄山寺で、空海は金剛界灌頂を開壇した。この日入壇したのは最澄、和気真綱《まつな》・仲世《なかよ》の兄弟、美濃種人ほか最澄の弟子十七名であるが、泰範は参加していない。これは結縁《けちえん》灌頂であって、仏と縁を結ぶ密教の儀式である。次に胎蔵灌頂を開壇すべく、空海は藤原冬嗣《ふじわらのふゆつぐ》の援助を受けた。十二月十四日、胎蔵の結縁灌頂がおこなわれた。このたびの受者は百四十五名の多数にのぼった。

翌四年（八一三）三月六日、最澄は泰範以下十七名の弟子を高雄山寺の空海のもとにおくって、金剛界の伝法灌頂を受けさせた。最澄は空海に阿闍梨《あじゃり》灌頂を伝授するように願い出たのであるが、空海はそれにはなお三年の実修準備の期間を要する、といって断わった。そこで最澄はとりあえず弟子たちをおくったのが、このたびの伝法灌頂の受灌となったわけである。

## 思想的離反へ

空海と最澄との交友をうかがう場合に、空海から最澄あての書翰もみなければならない。東寺に最澄あての空海書翰が五通伝えられていた。一通は東寺が豊臣秀次に献上し、一通は盗難にあったといわれている。現存するものはそのうちの三通の真筆である。『風信《ふうしん》帖《じょう》』とよばれる一通は最も重要な内容をもっており、一般によく知られているので、紹介してみよう。

風信雲書《ふうしんうんじょ》、天より翔臨《しょうりん》す。これを披《ひら》き、これを閲《み》るに、雲霧《うんぶ》を掲《かか》ぐるがごとし。兼ねて止観《しかん》の妙門を恵まる。頂戴供養し、厝《お》くところを知らず。すでに冷《すず》し。伏して惟《おも》みれば法体何如《いか》に。空海、推《うつ》わり常なり。命に随って、かの嶺に躋《のぼ》り攀《よ》じんと擬《はか》るも、限るに少願を以てし、東西することよくせず。今、我が金蘭《きんらん》と室山と一処に集会《しゅえ》し、仏法の大事因縁を商量し、共に法幢《ほうとう》を建てて、仏の恩徳に報いんと思う。望むらくは、煩労を憚《はば》からず蹔《しばら》くこの院に降赴《こうふ》せられんことを。これ望むところ、望むところなり。

忩々《そうそう》不具　釈空海状上

九月十一日

東嶺金蘭法前　謹空

年次が書いてないが、東嶺とあるから、山城の乙訓寺に移住する前、すなわち高雄山寺の発信とみるべきであり、したがって弘仁二年（八一一）九月十一日と推定される。

文面によれば、天台大師智顗《ちぎ》説・章安記の『摩訶止観《まかしかん》』二十巻を恵贈されたことに対する謝礼をのべ、次に比叡山に登るようにという頼みに対しては、目下のところ繁忙で、お約束できないという断わりがのべてある。

最後に、あなたと室生山《むろうさん》の修円《しゅえん》とわたしとが一処に集会して、ともに協力しあって仏法を興隆したい。ついては、ご足労ではあるが高雄山寺のあなたがかつて止住《しじゅう》された北院までお越し願いたい、といった趣旨のものである。

最澄が空海にあてた書翰約二十六通の半数以上が密典の借用書か、空海からの返却の請求に対する返書である。そのうち、年次を記したものには弘仁三年十月二十六日、同年十二月十八日、同四年一月十八日、同年十一月二十五日、同五年二月八日、同七年二月十日の書翰があり、いずれも借用依頼である。あとの二通は返却する旨が書かれている。

弘仁四年十一月二十三日付の「叡山の澄法師の理趣釈経《りしゅしゃくきょう》を求むるに答する書一首」が『性霊集補闕抄《せいれいしゅうほけつしょう》』巻第十に収めてある。最澄が『理趣釈経』の請借を申し込んだのに対する空海の断わり状であって、まさに文字どおりの秋霜烈日のシビアな内容のものであるから、古来、空海の書翰であることに疑義がもたれたりしている。

近年では「叡山の澄法師」は最澄ではなく弟子の円澄であろうという赤松俊秀氏の新説も提示された。

実は月日が前後するが、空海にあてた最澄の次の書翰と関連づけて、それに対する返書とみるむきがある。

弟子最澄　和南。

書を借らんと請うの事

新撰の文殊讃法身礼、方円図ならびに注義、釈理趣経一巻

右、来月中旬を限りて請うところ、件《くだん》の如し、先日、借るところの経ならびに目録等、正身《しょうしん》持参す。敢えて誑損《きょうそん》せず。謹んで貞聡《じょうそう》仏子に附して申し上《たてま》つる。弟子最澄和南。

弘仁四年十一月二十五日*　弟子最澄状上

高雄遍照大阿闍梨座下

*別本では二十三日となっているが、二十五日は泰範あての書翰と日付を合わせたのかも知れない。

ここにいう『文殊讃法身礼』（『文殊讃法身一百二十礼』）『方円図』『注義』は、いずれも

空海が四十歳の中寿を自祝して作ったもので、知遇の人びとに贈ったことが「中寿感興の詩 序を并《あわ》せたり」（『性霊集』巻第三）に見える。

この年、十一月二十五日付で、最澄は空海のもとにいる泰範あてに「中寿感興の詩」にある『一百二十礼』『方円図』『注義』を拝借し、『中寿感興の詩』に和韻の詩を作って差し上げたい、ついては、空海のこれらの著作の内容を知らせてほしいという旨の書翰を送っている。注意すべきは、この書翰には『理趣釈経』の請借《しょうしゃく》の件が書かれていないことである。「叡山の澄法師の理趣釈経を求むるに答する書」は十一月二十三日とあるが、醍醐《だいご》本では某年某月日となっている。私見によれば、十一月は十二月の誤写かも知れない。なぜならば、空海は十二月十六日付けで最澄の和韻の詩の贈与に対する鄭重な礼状を出しているからである。

つまり、最澄が披見を希望した『文殊讃法身礼』『方円図』『注義』が、空海から贈られたことはまったく疑い得ない。ところが、『理趣釈経』のみは請借の許可がなかったもののようである。そこで、重ねて最澄は『理趣釈経』の請借を願ったのであろう。その返書が「叡山の澄法師の理趣釈経を求むるに答する書」であるとみたいのである。「書信至って深く下請《かせい》を慰《やす》む。雪寒し。伏して惟《おもん》みれば、止観《しかん》の座主《ざす》法友、常に勝れたり。貧道《ひんどう》は量り易し。貧道、闍梨《じゃり》と契《ちぎ》れること積んで年歳あり。（中略）忽ちに封緘《ほうかん》を開いて具《つぶ》さに理趣尺（釈）を覓《もと》むることを覚《さと》りぬ云々」とある。
なぜ、最澄が『理趣釈経』を請借したいかは、伝存しないが、多分詳しくはその再度の書翰に書かれていたにちがいない。

著者は、この澄法師あての書翰はやはり最澄あてのものであると考える。残存する空海真筆の三通のうち、一つはさきに掲げたように、東嶺金蘭であるが、他の二通は止観座主である。右の借経の相手もまた止観座主であるから、弟子円澄ではまったくあり得ない。また、「然りといえども顕教一乗は公に非《あら》ずは伝えず、秘密仏乗は唯《ただ》我が誓うところなり。彼れ此れ法を守って談話《だんかい》に違《いとま》あらず。之を謂《い》わざる志、何《いず》れの日か忘れん」とあるのも、弟子に対する言辞ではない。さらに、文中で、「もし仏教に随《したが》わば、必ず三昧耶《さんまや》を慎むべし。三昧耶を越えれば伝者も受者も倶《とも》に益なかるべし。それ秘蔵の興廃は唯汝と我となり。汝、もし非法にして受け、我、もし非法にして伝えば、将来求法《ぐほう》の人《にん》、何によってか求道の意《こころ》を知ること得ん。非法の伝受せる、これを盗法と名づく。すなわちこれ仏を誑《あざむ》くなり云々」とあり、「子《なんじ》、もし三昧耶を越えずして、護ること身命の如く、堅く四禁を持《たも》って、愛すること眼目に均《ひと》しくして、教の如く修観し、坎《かん》に臨んで績《せき》あらば、五智の秘璽《ひじ》、踵《くびす》を旋《めぐ》らすに期しつべし」とある。

ここにいう三昧耶を越えるとは、越三昧耶《おつさんまや》の罪といい、師伝を受けずして密法を学び伝える罪障である。具体的にいえば、最澄はまだ空海から阿闍梨灌頂を受けておらずして『理趣釈経』を披読する資格がないことを難じている、と理解する他はない。これ以後、最澄の借経の書翰は一つもなく、いくつかの空海あての書翰は返還の催促に対する返書だけであり、その内容もきわめて事務的なものである。

## 顕・密並び立たず

このようにして、両者の間はほとんど決裂したかにみえるが、もう一つ厄介なのは年来の泰範の問題である。

奈良元興寺《がんごうじ》の泰信の弟子であった泰範は故あって最澄の弟子となり、しかも叡山で重きをなす位置にあった。しかるに、この最澄の最愛の弟子とみられた泰範はさきの高雄山寺の灌頂以来、比叡山を離れ、空海の弟子となってしまったばかりか、最澄の数度の帰山懇請にもかかわらず、ついに比叡山の地をふむことがなかったのである。

弘仁七年（八一六）五月一日付の泰範あての最澄の書翰には、「また高雄の灌頂には志を同じゅうして道を求め、倶《とも》に仏慧を期《ご》せしかども、何ぞ図《はか》らん、闍梨（泰範師）は永く本願に背きて久しく別処に住せんとは」とある。引きつづいて、「けだし、劣を捨てて勝を取るは世上の常理ならん。しかれども、法華一乗と真言一乗と何の優劣かある。同法は同じきを恋う。これを善友という云々」とある。
最澄の基本的な立場は、法華一乗と真言一乗は同じ一乗、すなわち大乗仏教という点で、何ら相違がないとするものである。この点は弘仁三年八月十九日付の空海あての書翰にも「法華、金光明は先帝の御願なり、また一乗の旨、真言と異なることなし」とある。つまり法華一乗と真言一乗とは異なることがないというのが、最澄の確信であった。あて名は西山遍照闍梨侍者とあるので、山城の乙訓寺《おとくにでら》に止住している空海に送ったものである。さきにのべたように、この年の十一月、十二月に高雄山寺で両部灌頂がおこなわれたのであった。

さて、泰範あての最澄の書翰に対する返書は『性霊集』巻第十に収めてある。「泰範言《もう》す、伏して今月一日の誨《かい》を奉《うけたまわ》って一たび悚《おのの》き一たび慰《やす》む」と書き出しているが、醍醐本では泰範の代りに空海となっている。事実、この返書は全く空海の代筆である。この文中に、「法華一乗と真言一乗と何の優劣かあらん」の言明を受けて、わたくしは大豆と麦の区別ができないほどの愚か者かも知れないが、玉石の区別がつかないことがあろうかといって、法華と真言は全く異なることをのべている。そして、顕教（法華一乗）と密教（真言一乗）とはどのような相違があるかを示している。「それ如来大師は機（＝素質）にしたがって薬を投ぐ。性欲千殊《しょうよくせんじゅ》にして薬種万差《やくしゅまんじゃ》なり。大小鑣《くつばみ》をならべ、一、三轍《あと》を争う。権《ごん》実別《じつわか》ちがたく、顕教濫《らん》しやすし。（中略）顕密の教、何ぞ浅深なからん。法智の両仏、自他の二受、顕密説を異にして、権実隔《へだ》てあり云々。」

要するに顕密にはいわば次元の相違ともいうべきものがある。そして、右の顕密の比較は、空海の著『弁顕密二教論《べんけんみつにきょうろん》』に「それ仏に三身あり。教はすなわち二種なり。応化《おうけ》の開説を名づけて顕教という。ことば顕略にして機に逗《かな》えり。法仏（法身仏）の談話《だんかい》、これを密蔵という。ことば秘奥にして実説なり」「如来の説法は病いに応じて薬を投じ、根機《こんき》万差《まんじゃ》なれば針灸千殊《しんきゅうせんじゅ》なり」とあるのに類似している。従来、『弁顕密二教論』は弘仁七年ころの撰述であると推定されているが、この書翰との類文はその傍証となるであろう。

この年、最澄は『依憑《えひょう》天台集序』を著わした。そのなかで、「然りといえども、海外内学、ただ吠音《べいおん》の労ありて未だ少知の曲を解《げ》せず。新来の真言家はすなわち筆授の相承を泯《ほろぼ》し、旧到の華厳家はすなわち影響の軌模を隠す云々」といって各宗を批議する筆頭に、暗に空海を批難している。これは、泰範問題とは別箇に、前年の『理趣釈経』請借を拒絶した空海、そして借経の返却をせまった空海に対するものである。

委細を尽し得ないが、『秘密曼荼羅十住心論《ひみつまんだらじゅうじゅうしんろん》』『秘蔵宝鑰《ひぞうほうやく》』では十住心体系の中の第八住心に天台を、第九住心に華厳を置いた。しかも前著は密教によって天台を包摂し、観自在菩薩の普観三昧の世界として曼荼羅の中に位置せしめている。いわば法華一乗と真言一乗との連続的関係である。また後著は顕教のすべてと密教との次元的相違、両者の非連続的関係を明らかにした。

最澄は弘仁十三年（八二二）六月四日、比叡山中道院で大乗円頓戒壇建立の勅許を待たずに五十六歳で生涯を閉じている。弘仁七年（八一六）ころまでには、空海はすでに十住心体系の構想がほぼ出来あがっていたことが考えられる。そして、顕密二重構造論と最澄の法華・真言一乗同等論には宿命的ともいうべき相違があったことを認めざるを得ないのである。

# 現代思想史上の空海

## 一　「弘法大師」から「空海」へ

密教的象徴の極致である曼荼羅《まんだら》の具現者。空海こそ、まさしくその名にふさわしい存在だといわなければならない。

空海――弘法さま、お大師さま、お大師さんといったふうにさまざまに呼ばれている――は、古来、庶民大衆が最も親しんできた救いの主であり、仏のような人物であった。したがって、一般に人びとは大師をもって通称とし、空海と呼ぶことはなかった。『今昔物語集』にはすでに空海にまつわる比較的長い四つの説話がみえる。わが国の説話文学の中に登場する空海はほとんど超人的な存在として取りあつかわれている。

また、行状絵伝や利生、霊験物語などにおける通俗伝記類が数限りなく普及したので、庶民の間にも空海の生涯は伝説につつまれ、神格化されたかたちでさまざまに語り継がれてきたのであった。

今日なお、全国至るところに大師伝説が民話として伝えられているし、空海にゆかりがあるとされる事蹟や事物が数限りなく残り、民衆の信仰をあつめている。明治維新の廃仏毀釈の嵐で神仏分離の名の下に真言宗が最大の打撃を受け、神宮寺をはじめとする神仏習合の諸寺はことごとく破却されたが、それでもなお空海が開山したとか、来錫《らいしゃく》したと伝える寺院は全国的に今も数少なくない。

「大師は弘法にとられ」「弘法は筆を選ばず」「弘法も筆のあやまり」「釈迦に提婆《だいば》、弘法に守敏《しゅびん》」などといった巷間の俗諺《ぞくげん》も、人口に膾炙《かいしゃ》されているとおりである。

近年、若い世代の間でも、とみにリバイバル・ブームを巻き起こしている霊場巡り。その中でも四国八十八カ所霊場は最たるものである。わが国の高僧たちの中でも、このような霊的存在として、一宗一派を越えて庶民大衆の信仰の対象となっているもので、空海の右に出る者はない、といってよいであろう。

バラエティーに富んだ民話としての弘法伝説を荷担し伝達したのも、中世以来の高野聖《こうやひじり》たちであった。民俗学的な解釈によれば、先行した「タイシ(姥)伝説」は大師伝説に取って代わられたというが、それはひとえに高野聖たちの活動によるものであったにちがいない。

また、高野山は大師入定《にゅうじょう》の聖地であるという入定信仰や、高野山は現世の浄土であるというわゆる高野浄土の信仰を世にひろめたのも、かれら高野聖たちであった。

このようにして、じつに一千年以上にわたって、空海は、歴史的な実在性にとぼしい、いずれかといえば伝説、伝承、口碑、説話、民話の中の人物であり、素朴な信仰の対象であった。

だからして、空海の青年時代に書いた思想劇『三教指帰』にしても、藤原敦光《あつみつ》の註をはじめほんの数えられるほどしか註解書がない。また、不思議なことに、たとえば『文鏡秘府論《ぶんきようひふろん》』『文筆眼心抄《ぶんぴつがんじんじよう》』あるいは『篆隷万象名義《てんれいばんしようみようぎ》』のような著作に対してはほとんど註解書すら著わされることがなかったのである。要するに、その内容の難解のゆえに、何びとも註解を試みることさえできなかった。空海はひたすら庶民大衆層の信仰の対象であるだけだったからである。

明治を迎え、文明開化を謳歌する時代になってからはどうだろうか。

キリスト教や西欧近代の哲学思想の影響の下に、浄土と禅とはいちはやく注目を浴びた。そして、キリスト教との類比から罪業の意識と懺悔、弥陀の救済を説く浄土教が、また西欧の合理主義の立場から神秘主義もしくは非合理主義と目される禅の思想が見直された。だが、加持祈禱《かじきとう》を標榜し、民衆の現世利益の中に生きつづけてきた密教は、前近代的な迷信的な仏教として知識層から見放されてしまっていた。このようにして、空海が庶民層からも、また知識層からも、その隔絶意識の相違こそあれ、遥か遠い彼方の存在であったことは、確かである。

ところで、空海の全著作を校訂し、『弘法大師全集』全十六巻を自力で世に出した人物がいる。古義真言宗の碩学長谷宝秀《はせほうしゅう》師が、そのひとである。全集が完結したのは、明治四十三年（一九一〇）のことであった。これは真撰はもちろん、空海に仮託されたり、明らかに偽書であるものまで、古来からおよそ空海撰と伝えられるものはすべて収めてある。この全集の出版を契機として衆目が空海にあつまったことはいうまでもない。昭和四十三年（一九六八）に完結した増補版が出るまで、じつに半世紀以上の間、長谷本が空海研究の唯一の一次資料として用いられてきたのである。この全集が出版された意義は計り知れないものがあるといわなければならない。これによって空海の実像はようやく知識人社会のスコープに入ったといってよい。

それまでは、宗門において『二十五巻書』または『十巻章《じっかんじょう》』という空海の著作を含むテキストが用いられた。あるいは高野版による個別的著作の素読がおこなわれてきたにすぎなかった。しかも、それらには主著『秘密曼荼羅十住心論《ひみつまんだらじゅうじゅうしんろん》』（略称『十住心論』）が入っていない。また、『文鏡秘府論』などの文芸関係の著作、あるいは詩文集『遍照発揮性霊《へんじょうはっきせいれい》集《しゅう》』、書簡集『高野雑筆集』などは入っていない。

学界においてすら、これらの著作が学問研究の対象となったのは、ごく近年のことである。

わが国において空海に関する論文が発表されたり、著書が刊行されるようになったのは、ほぼ全集が出て以後のことである。

## 二　さまざまな空海像

明治末年から大正にかけての思想界で、空海に着目したのは、幸田露伴、三宅雪嶺、南方熊楠《みなかたくまぐす》、井上円了、内藤湖南、井上哲次郎、中村不折、高楠《たかくす》順次郎などであった。

幸田露伴は大正初年に「文学上における弘法大師」を発表し、『十住心論』についてはまったく宗教上もしくは哲学上のものとして語るべきものといって断わりながらも、「文学史上にはこれを逸することのできないもの」として、文学上よりみても『性霊集』などよりも卓絶している、とのべている。同じように、『秘蔵宝鑰《ひぞうほうやく》』その他の『十巻章』に収めてある著作をきわめて高く評価した。さらに『文鏡秘府論』『文筆眼心抄』に及んでいるのは、さすがだといわなければならない。

同じ明治の思想界でも、たとえば井上円了の「大師の高風（わが理想の人）」のように、

「私淑し、これを崇拝し、これを理想の人」としている空海は、明治になるまで、あるいは明治、大正、昭和の現代に至るまで、平均的な日本人の弘法大師観ともいうべきものであった。

円了の講演筆録によって、これを窺うことができる。

弘法大師は諸国を行脚して、巡錫《じゅんしゃく》の足ほとんど全国に普《あまね》く、しかしてその到る所において、必ず多少の記念すべき事業を遺した。あるいは寺院、あるいは温泉、あるいは開墾、あるいは村落など、宗教以外の社会的事業を起こしたのであった。それゆえ、現今においても全国至る所に、弘法大師の遺蹟として伝えらるるものが、なかなか少なくない今日、我が国人中に、伝教大師の名を知らぬ者はあろうが、弘法大師の名にいたっては、三歳の童子さえもなおかつこれを知っている。また、我が国の僧侶にして、今日までに大師号を賜わったものは少なくないが、それら大師の大師たるを知らないで、大師といえば必ず、弘法大師を名ざしたものと思われている。太閤は秀吉に取られ、大師は弘法に取らるるという言葉は、確かに事実である。

弘法大師の遺蹟たる高野山が、今日日本全国の津々浦々から、その信者参詣者を集めている所以《ゆえん》は、実にここに存するのである。

万芸の天才といわれる空海に関する画論を中村不折が取りあげているのも、初期のものとしては注目される。

しかし、何といっても、いちはやく高楠順次郎が広いインド学の視野から空海を認識しているのは、刮目に価しよう。「印度より観たる弘法大師」がそれで、悉曇《しったん》・梵字《ぼんじ》、修法《しゅほう》、呪文《しゅもん》、護摩《ごま》法《ほう》、観法《かんぼう》、念息法、天文、画像法、書家、画家、伊呂波《いろは》、実語教、巡礼など、非常に広範なレパートリーにひろがって問題の所在を指摘している。

これらの分野の個別的研究は、今日に至るまでなお続いているのである。

高楠は空海を「根本の文明の大恩人」「宗教界の大偉人」「ことに印度原素の保護者、学術の大恩人」とまで称揚している。

ひろくアジアの仏教史の流れにおいて空海の存在を位置づけ、かつその密教的な意義を問い直す必要性は、第二次大戦後に渡辺照宏によって提唱され、その成果のいくつかが現われはじめている。

昭和三十年代初頭に渡辺照宏「密教の聖者空海――仏教史における弘法大師の地位」が発表されて以後の二十数年間に、かつてなかったほどの空海に関する論説がさまざまな分野に属する専門研究者によって世に問われるようになった。

敗戦後、高野山に登った知識人の多くは、この入定信仰の聖地に対して批判的な態度をとっている。また真言宗のありかたにさまざまな疑問を投げかけている。小林秀雄、丹羽文雄などなど。丹羽文雄の「弘法大師の末裔——高野山の苦悩」が、その一つである。読者の側からすれば、筆者の宗派的偏見を感ずる者もいるかも知れない。

積極的に空海と取り組んだ小説を書いた作家は、明治以降きわめて稀である。鎌倉時代の各宗の祖師のそれに較べれば、圧倒的に少ない。戦前では長与善郎の『最澄と空海』などが知られる。小説ではないが菊池寛の『十住心論』があるのは、むしろ珍しいといわなければならない。

戦後、いく人かの作家によって空海は小説の世界に再生した。寺田弥吉の『小説・弘法大師』その他。近年では司馬遼太郎の『空海の風景』(芸術院恩賜賞)がある。「空海は私には遠い存在であったし、その遠さは、彼がかつて地球上の住人だったということすら時に感じがたいほどの距離感である」と、司馬は「あとがき」で述懐している。それほど遠い存在に作者がどのようにアプローチしたかは、読者によって見るところを異にするであろう。しかし、いずれにしても、神格化された空海を人間空海として浮上させたのが、この作品の魅力である。その後、陳舜臣の『曼陀羅の人』が出版された。

現代の思想界に密教を復権させることはなお多大の努力を要すると思われる。が、勝又俊教が「弘法大師のおしえは、思想がはっきりしていながら、それが人格を通して出てくるんです。思想を考えて人格を考え、人格を通して思想が出てくるという大師のおしえは、わたしの身にぴったりつくような気がしています」というように、いわゆる人法《にんぽう》不二《ふに》が密教の最大の特色であってみれば、密教と空海とは不可分の関係にある。筆者はこれを「空海密教」とよび、密教一般と区別することにしている。

梅原猛は、歴史的関係において、密教を考察しようとするとき、ヨーロッパの近代合理主義を基盤としてすべての文化やすべての宗教の価値づけをしようとする近代的な価値の表は書き改められるべきであり、そうした文明の運命の中で密教なりヒンズー教の再発見がおこなわれようとしていることを指摘する。そして、現代の世界思想において密教から学び取るべきものを四項目にまとめて提示している。

1　多神教の意味

近代世界の支配者であるヨーロッパ人の宗教は一神教であるが、一神論（教）が非寛容であることや科学技術文明による世界の一様化に対して、「密教あるいはヒンズー教の多神論は、ただ一神論の支配する世界の排他性と同一性を治療する特効薬として止まるのみではなく、新しい文化形成の原理としても、大きな意味をもつのではないかと思う」という。

2　マンダラの原理

人間と自然との融合一体化をはかるマンダラ的思想は、人間中心主義の近代的世界観の根本的再検討を要求している。

3 神秘主義

言葉を重視する密教の神秘主義は理性を絶対化する啓蒙的合理主義の欠を補うものがあると思われる。

4 欲望の問題

人間の欲望の問題は現代の哲学においても十分に解けていない問題である。多くの宗教は禁欲主義的である。しかるに、人類は近世以降、欲望の解放を目ざして今日に至っている。

梅原はいう、「いったい、人間の中に巣食うさまざまな欲望をどう人間は処理することができるか。密教は、欲望の全面的解放の哲学ではない。それは、欲望の性格をよく研究し、欲望に一つの秩序を与え、欲望を正しい姿で開花させようとする思想である。」

これらの提言は現代と密教との接点を明らかにしたものとして、重要なものである。渡辺照宏・梅原猛「対談・密教の世界」で「仏教とかヒンズー、バラモンとか分けること自体が密教的でない」（渡辺）という発言は、密教を他の諸宗教、哲学に共通の基盤であるインドという風土において認識しなければならないことを示唆している。

松長有慶「真言教学における伝統と創造」では宗学と密教学との研究分野の問題を取りあげ、真言教学をアジアの密教史の流れの中で捉え直さなければならないと主張する。日本仏教史における空海の位置づけについては、渡辺照宏・宮坂宥勝『沙門空海』があり、空海密教の綜合主義の性格を明らかにしている。

比較思想論の立場からは井上哲次郎「思想家としての弘法大師」がある。そこで指摘された神秘主義としての密教は、山折哲雄「神秘への跳躍——加持・入我我入・即身成仏」において詳説されている。井上論文におけるミーマーンサー学派と密教との言語哲学の比較については、伊原照蓮、北条賢三らの好論文がある。

同じく比較思想論として、実存哲学の立場から論じた吉原瑩覚「空海とヤスパース」がある。

高木訷元「空海の手紙」は、書翰の詳細な読解によって、空海の思想とその偉大な宗教人の人となりに強烈なライトを当てている。

村岡空「少年真魚《まお》」は、阿刀大足《あとのおおたり》の出自を明確にした点で、画期的な論文である。

空海の生涯をめぐって、金岡秀友は「空海再発掘」で、次のようにいう。

かつて親鸞や、日蓮のような鎌倉仏教の開祖たちに比べて、空海の位置は極めて低いか、大きく歪曲されるかのいずれかであった。高等学校の教科書で、中国仏教の

「模倣」から脱して、日本に独自の文化や仏教ができるようになったのは鎌倉時代からである、という説明が広く行われている。平安仏教を代表する空海や最澄の思想や実践についても、高踏的であり貴族的であるという評価が、いわば学界の通念であった。

同時代人としての最澄と空海との関係は何びとも窺い知りたいところだが、まだまだ謎の部分のほうが多い。赤松俊秀「空海と最澄との交際について」、宮崎忍勝「伝教大師と弘法大師」、中野義照「弘法大師の生涯——その交友を見つめながら」は、両者について、それぞれ独自の新知見を披瀝《ひれき》したものである。

密教の本質が行的実践にあるとすれば、この方面の研究はもっと多く現われなくてはならないはずであるが、空海の行体験について書かれたものはほとんどない。その点、上山春平「虚空蔵求聞持法の体験」は、異色である。

民俗学における研究では、五来重「高野聖《こうやひじり》のおこり」、宮田登「大師伝説の思想」がある。それらを読むと、皇室や平安貴族を相手にもっぱら加持祈禱をおこない、貴族仏教の烙印を押されてきたそれとは全く裏腹な空海像が屹立《きつりつ》している。「大師信仰がこのように歴史と民族との交錯する場に展開してきたことは、とりもなおさず大師の本質にある民衆性によるところが大きいことはいうまでもないであろう」（宮田）。

小西輝夫「精神医学からみた空海」は特異な研究で、空海を循環気質者として性格づけ、示唆に富んだ空海論を展開している。また、空海の書については中田勇次郎「弘法大師の真蹟」があり、他に神田喜一郎、春名好重らのすぐれた諸業績がある。

以上みたように空海密教を発祥の地インドに即して、あるいはアジアの仏教の流れにおいて把握すること、比較思想論の立場から空海密教を認識しようとすること、これら二つの操作は、いずれも隣接科学との協同によるいわゆる学際的研究が要請されるものである。同時にこれは最近、個別的研究が漸く《ようや》深化しつつある密教学の成果をどのように綜合してゆくべきかという課題でもあると思われる。

また、石田尚豊『曼荼羅の研究』をはじめ、その他の曼荼羅に関する研究も年毎に盛んであるが、空海の諸著作における曼荼羅思想の解明など、なお今後に期待されるべきものも多い。

昭和四十二年(一九六七)に渡辺・宮坂『沙門空海』が出版されてから今日に至るまでの十五年間に、空海の生涯をめぐって論文や著書が急増したが、まだ個別的研究の域にとどまっている。

民俗学的な研究やその他の特殊研究も、今後、さらに活発化されてゆくであろう。

## 三　現代思想としての密教

現代思想史上における空海が問われることは、難問である。

今や、近代合理主義、科学万能主義が現代世界を支配し、人類は歴史上かつてみられなかったような全地球的な危機に臨んでいる。このような今日的情勢において欧米ではかねてより東洋の神秘主義として禅が注目され、哲学的にも深い関心が寄せられている。また、近年、オカルトの復活にともなって、東洋思想に欧米の目がそそがれるようになっている。禅のみならず、ヒンズー教、密教、ヨーガ、そして道教などなど。

わが国でもオカルティズムと密教との結合、密教とヨーガとの組合わせなどで、依然として密教は現代人に未知なる何ものかを期待させているかのごとくである。たとえば、超能力、念力、法力などが密教そのものに代置せしめられている。

思うに、近代の啓蒙的合理主義、科学万能主義は人間の理性に対する絶対的な確信に根ざしていた。

ところが、こうした理性信仰は現代世界の諸矛盾——とくに人類の三大危機である核戦争、人口爆発、食糧危機——によって大きくゆらぎはじめたのである。人びとは不透明な世紀末に底知れぬ不安感をもつ。そして、近代合理主義や科学万能主義に支えられてきた現代の科学技術文明の未来社会に対して、人びとは危惧を抱いている。

科学技術の発達によって必要以上に豊富になった生活物資は近代人の価値観を変革せしめ、物質文明の中の人間の孤独は精神の貧困と魂の喪失をもたらしている。

このような時代情況の中で人びとは本能的に非合理主義的なものを憧憬したり、あるいは一般に反現代的なものを希求しているようだ。

密教への漠然とした関心にせよ、オカルトと密教との野合にせよ、その由《よ》って来たるところは、極言すれば現代文明への危機感そのものからきているというべきであろう。

さきに指摘したように、梅原は「人間の欲望の問題は、今日の哲学においてまだ十分解けていない問題である」という。ユダヤ教、キリスト教、イスラーム教、仏教などの世界宗教は、いずれも厳しい禁欲主義を説いてきた。そして、今や人類は貪《とん》・瞋《じん》・癡《ち》の三毒煩《ぼん》悩《のう》のなすがままに暴走しはじめた文明に身をゆだねている。密教は人間の欲望を単純に否定するのではなく、さりとて無制限に欲望の充足を肯定するのでもない。ありのままの欲望を自己制御することによって欲望を浄化することを教えている。たとえば、戦争や野蛮に駆りたてる人間の三毒のエネルギーを平和や文化に転化せしめる大貪・大瞋・大癡の世界こそが密教の説くところである。

現代思想史において欲望の哲学が創造されるとすれば、密教からそうした人類の英知が学び取られなければならないのではなかろうか。

密教は近代合理主義を拒絶するたんなる非合理主義、神秘主義を説くだけなのだろうか。これまで、密教は神秘主義思想の雄として認められるのが常套であったように思われる。だが、空海密教が色心不二《しきしんふに》、すなわち唯物論か観念論かという二者択一の絶対一元論的な思想を排除したように、密教には原子科学、唯物論、医学、技術的知識などがふんだんに含まれており、その意味においても密教の内容は複合文化《コンプレクス・カルチャー》の形態をとっていることが分かる。

密教の経典儀軌《ぎき》を注意してみよう。雑密《ぞうみつ》たると純密たるとを問わず、そこには合理的な思惟がさまざまのかたちで投映されている。なかんずく、曼荼羅は高度の象徴主義の表現であるけれども、構成そのものは緻密に計算しつくされた幾何学的図形の組み合わせよりなる。その構造思考はまさにロジカルであるといわなければならない。

これはほんの一例にすぎないが、密教の世界がいかに合理的思惟と科学的技術的な知識の集積によって構築されたものであるか、さらにはそうしたいわば下部構造の上にたって神秘主義が樹立されていることが知られるであろう。

密教の阿闍梨《あじゃり》は「兼ねて衆藝を綜《す》べ」「衆生の心を知り」（『大日経』具縁品）とあるように、密教家はあらゆる学芸を兼備し、衆生心を正しく認識しているものでなければならない。

たとえば、真言伝持《でんじ》の第六祖である一行《いちぎょう》（阿闍梨）は、偉大な科学者、天文学者でもあった。善無畏《ぜんむい》の『大日経』翻訳に助力し、その口述を筆記した『大日経疏《しょ》』二十巻をはじめ密教関係の著作は数多い。ところがまた『大衍暦《だいえんれき》』五十二巻、『大衍論』三巻、『天文志』（太素・後魏書百巻中）など、天文、暦数に関する厖大な著作がある。中華人民共和国は誕生後まもなく民族の偉大な英雄としての一行の肖像切手を発行した。

このような密教の伝統を受けついだ空海もまた、四国満濃池《まんのういけ》の築堤、庶民のための最初の学校である綜藝種智院《しゅげいしゅちいん》の創設などをおこなった。かつて、アメリカの科学文化史家サートン教授は、これら二つの事跡によって空海を人類の歴史の九世紀における最大の科学者に数えたのであった。

密教の神秘主義が合理主義の排除否定によって確立されたものでなく、むしろ、合理主義――この場合は科学的合理主義――と決して矛盾したものでないことが知られるのである。

十九世紀以来の科学万能主義の思潮に対して、空海密教の神秘主義は常に科学技術の限界を覚醒させ、人間理性の増上慢を誡めているように思われる。

が、それればかりではない。空海密教の立場は、近年、非合理主義、神秘主義の復権を標榜して擡頭《たいとう》してきたオカルティズム＝反科学主義に決してくみするものでもない。

人類の歴史における限りない科学技術文明の進展は果して人間の真実の幸福を約束するものであろうか。人類の未来社会は本当にバラ色なのか。今や、われわれはそうした問いに対して多分に否定的たらざるを得ない。むしろ、先がよく見えない不透明な世紀末的状況である。

人間存在が、生命が、宇宙が科学的認識によって、すべて透明になるときがやって来るだろうか。いずれにせよ、人間と生命と宇宙への畏敬の念と生の歓喜とは神秘主義の変ることなき母胎である。

空海密教に、われわれは科学主義と神秘主義との幸福な蜜月をもとめたいと思う。

空海密教が綜合主義の立場をとることは空海の十住心体系をみても、初期・部派・唯識中観を主とする大乗のすべてを包摂するのみならず、非仏教の諸思想、哲学、宗教のすべてを綜合的に統一していることによって明らかである。

それは一元論的哲学、もしくは多元論的思弁にもとづく二者択一の哲学とはまったく異質なものである。

異次元的と思われる思想や、おのれの思想的立場と相反する思想をいたずらに排除否定して自己主張することは、人類の歴史において絶えずおこなわれてきた事実である。そして、これは現におこなわれている。それはある場合には自己保全の本能的欲求に根ざしたものとして、黙認されてきたこともあった。

野蛮から文明の時代になってからも、ある宗教には「目には目を、歯には歯を」の復讐の思想の残滓が認められる。こうした力の論理によって支配された世界像は、ヨーロッパ社会が生みおとした文明の鬼子であった。そして、大航海時代になって、世界はヨーロッパのみにあらずということが認識されるようになったにもかかわらず、ヨーロッパ社会の優位を世界の人びとは信じこまされてきたのである。

だが、今や地球は小さく一つになった時代を迎えている。こうした地球時代が到来したにもかかわらず、全世界を支配しようとしている力の論理に対する信仰は強まる一方である。しかし、それがやがて人類の絶滅をまねくであろうことは、火をみるより明らかである。

人類の絶滅と生存との選択がせまられている昨今、空海密教から学び取るべきもののあまりにも多いのに気づかされる。

空海が十住心体系として開示した曼荼羅の世界。そこには無限の展開がおこなわれながら、しかも秩序と調和、独立と共存の原理が実現されている。現在のわれわれがみずからそのために苦悩し模索しつづけているもの、すなわち、非寛容、暴力、対立闘争などと反極にあるもの、それが曼荼羅の世界である。そこには「力の論理」に代るに「慈悲の論理」がある。

むろん、胎蔵《たいぞう》曼荼羅と金剛界《こんごうかい》曼荼羅とは、慈悲と智慧との相即不二のかたちにおいて説かれている。自己の根源的な智慧がまさしく仏智そのものとして、現実的には一切衆生において慈悲のかたちをとった方便行の実践活動となる。これはまさしく悲智不二を教える大乗仏教の基本的な理法と実践形態そのものにほかならない。

空海は、それを最も明確に次のように示している。

もし自心を知るはすなわち仏心を知るなり。仏心を知るはすなわち衆生の心を知るなり。三心平等なりと知るをすなわち大覚と名づく。(『遍照発揮性霊集』巻九)

さきに『大日経』具縁品で、密教の阿闍梨の資格として「衆生の心を知る」ことがのべられているのをみたが、その真に意味するところが空海の所説によって正しく理解されよう。

このようにみるならば、曼荼羅は密教的真理の絵画的表現であるけれども、空海が「いまだ悟らざる者に開示する」という場合の「いまだ悟らざる」とは三心平等を悟らざることにほかならないことが知られるであろう。

紙幅の関係上、本書に紹介し得なかったもので、すぐれた論稿がまだまだ数多くあることは断わるまでもない。

しかし、ここに紹介した論文だけでも、空海鑚仰《さんぎょう》の荘重華麗な一大オーケストラを聞く思いがする。このみごとな交響の中から、いちように以上のべたような空海密教の現代思想史的な意義と今日的な実践への指向とを掬《く》み取ることができると思われるのである。

空海の次の言葉をもって結びとする。

虚空《こくう》尽き、衆生《しゆじよう》尽き、涅槃《ねはん》尽きなば、わが願いも尽きん。……仰ぎ願わくは、この光業によって自他を抜済せん。……六大の遍するところ、五智の含《がん》するところ、虚《そら》を排《はら》い地に沈み、水を流し林に遊ぶもの、すべてこれわが四恩なり。同じく共に一覚《いつかく》に入《い》らん。(『遍照発揮性霊集』巻八所収、天長九年八月二十二日の高野山万燈会の願文)

〔付記〕
本論稿は『思想読本　空海』(法蔵館刊)の序論として執筆したものである。したがって、各論文の内容については、この冊子に抄出してあるので、必要に応じてそれをみていただきたい。

# 綜合の天才・空海

人類の歴史は、あと僅か十数年後に二十一世紀（西暦紀元二〇〇一年）を迎える。

近年、いよいよ加速度化してきた科学技術文明の進展と国際間の緊張関係の高まりのなかにあって、われわれは人類の将来に対して、いちように不透明、不安、危惧の念を強めている。こうしたきびしい歴史的現実のなかにあって人類史の未来は、もとより夢と希望に満ちみちたものではあり得ない。

このような今日的状況のなかで迎える弘法大師入定《にゅうじょう》ご遠忌一千百五十年は、いかなる意義をもち、またわれわれは何をすべきであるか。

多種多彩な記念事業や記念行事は慶祝を表わすものとして喜ばしいことである。しかしながらまた、基本的には弘法大師空海の根本精神に立ちかえり、今日的課題に真剣に取り組んでゆくことがどんなにたいせつかは、今さら贅言《ぜいげん》を要しないであろう。

古来、空海ほど庶民大衆に親しまれ、民間信仰の対象となった仏者は他にいない。今日なお全国至るところに大師伝説がそれぞれの土地の人びとによって語り伝えられている。また説話、民話のたぐいも数限りなく伝承されているのである。

もとより中世の時代以降、高野聖《こうやひじり》たちが入定信仰を主軸としたさまざまな大師信仰を唱導した功績は没すべからざるものがある。が、青年時代の空海は山岳修行に精進し、民衆のなかの修行者として確固とした位置を占めていたのであった。

このように庶民大衆にとっての空海の原像が形づくられた遠因がいくつか認められよう。ところでさらにその本質的な事柄として、共存、融和、綜合の天才としての空海の全体像を見のがすことができないであろう。これを二十一世紀への今日的課題として、取りあげてみたい。

空海が二十四歳のときに書いた『三教指帰《さんごうしいき》』三巻は、思想劇である。が、それはまた空海が儒教、道教、仏教と、おのれの魂の遍歴をした自伝をドラマツルギーの形で語ったものとみることもできるのである。

この思想劇は、いろいろの立場からさまざまに解釈することが可能だ。

著者は、この『三教指帰』を、これよりさきに書かれた別本『聾瞽《ろうこ》指帰《しいき》』三巻と比較するとき、『三教指帰』には序文と巻末の十韻の詩とがある点を重視すべきであると思われる。序文は空海の青年時代までの生いたちの記である。そのなかで、一沙門《しゃもん》との出遇いによって求聞持法《ぐもんじのほう》を授かり、四国の山野で久修練行《くしゆれんぎよう》したことが記されている。その結果、青年空海が開眼したものは、都の栄華に対するシビアな批判と人間の不平等に対する深い懐疑であった。

最後の十韻の詩は、上巻に登場した亀毛《きもう》先生と中巻の虚亡隠士《きよぶいんし》と下巻の仮名乞児《かめいこつじ》――空海の自画像――との三名の人物が唱和して幕が下りる、というものである。

空海は大乗仏教が最もすぐれたもの――あらゆる人びとに対する慈悲の教え――であるとしながらも、儒教と道教とをともに容認し、包摂する立場をとっている。書名が意味するところの「三教の指帰」のとおりである。

空海が仏法のおこなわれる場が一切衆生であることを明確にしている点が一つ、さらにもう一つ、思想の共存と綜合との立場を打ち出している点は注目すべきである。この事はやがて、空海五十七歳のときに撰述した『秘密曼荼羅十住心論《ひみつまんだらじゆうじゆうしんろん》』十巻、『秘蔵宝鑰《ひぞうほうやく》』三巻となって、ものの見事に結晶したのである。この両著は空海の主著である。その理由は、曼荼羅として具象化される密教真理の世界が、空海密教の立場において開顕されているからである。

渡辺照宏先生は、かつて『三教指帰』に匹敵する文学を西欧文学にもとめるとすれば、ゲーテの教養小説『ウィルヘルム・マイスター』であろう、といわれたことがある。そうした視点から、『秘密曼荼羅十住心論』『秘蔵宝鑰』を読むと、この両著も空海の生涯にわたる思想と求道の遍歴の書であると見ることができる。

すでに知られているように、両著は低次元より高次元へと進む人間精神の向上的発展を説いたものであると同時に、人類思想史を鳥瞰《ちょうかん》したものであって、全く比類なき壮大な世界が開示されている。それはまさしく曼荼羅の現実的な見取図だといってよい。

ところで、これを『三教指帰』にみられる求道青年、空海の延長線に置くならば、たんなる密教世界を顕現した著書ではなく、空海その人が密教の秘密荘厳住心に到達するまでの自伝でもあるといえよう。すなわち、『三教指帰』で空海が上巻を儒教、中巻を道教にあてているように、二十四歳でこの書を著わすまでの思想遍歴期が第一より第三までの、いわゆる世間三箇住心に対応する。第一住心に蛭牙《しつが》公子を挙げたのは、空海の母方の甥があって、「性、很戻《こんれい》にして、鷹犬《ようけん》・酒色《しゅしょく》昼夜に楽しみとし、博戯《はくぎ》遊侠《ゆうきょう》、常の事とす。その習性を顧みるに陶染《とうぜん》（＝環境）の致すところなり」（序）とある人物がモデルになっているのである。

要するに、空海があらゆる人間の異なった思想の世界を体験し、さらに『三教指帰』以後、三十一歳のときに入唐するまでの数年間、奈良で学んだ六宗のうち、律は第二住心、毘曇《びどん》・倶舎《くしゃ》は第四、第五住心の小乗（二乗）、法相・三論は第六、第七住心の権大乗《ごんだいじょう》すなわち法相・唯識《ゆいしき》派と三論・中観《ちゅうがん》派、実大乗《じつだいじょう》の華厳は第九住心、同じく平安新仏教の天台は第八住心とする。

そして入唐帰朝後、体系化された密教を第十住心とする。

| （十住心体系） | （『三教指帰』） | |
|---|---|---|
| 第一異生羝羊住心 | 蛭牙公子 | 上巻 |
| 第二愚童持斎住心 | 儒教（亀毛先生） | 上巻 |
| 第三嬰童無畏住心 | 道教（虚亡隠士） | 中巻 |
| 第四唯蘊無我住心 | 仏教（仮名乞児） | 下巻 |
| 第五抜業因種住心・ | 仏教（仮名乞児） | 下巻 |
| 第六他縁大乗住心 | 仏教（仮名乞児） | 下巻 |
| 第七覚心不生住心 | 仏教（仮名乞児） | 下巻 |
| 第八一道無為住心 | 仏教（仮名乞児） | 下巻 |
| 第九極無自性住心 | 仏教（仮名乞児） | 下巻 |
| 第十秘密荘厳住心 | 仏教（仮名乞児） | 下巻 |

このようにして、初期仏教、部派仏教、インド大乗仏教の二大潮流である唯識派と中観派、中国仏教の双璧で平安・奈良仏教の雄である天台・華厳、そしてインド直伝の最新の仏教である密教によって構成されている十住心体系は、『三教指帰』以後の仮名乞児が仏教の求道遍歴によって形成したものにほかならない。しかも、それがインド・中国・わが国における仏教の歴史の流れそのものを内実としていることは、まさに驚嘆すべきである。『秘密曼荼羅十住心論』『秘蔵宝鑰』は、共存、融和、綜合の論理をもって一貫した構造が組みたてられている。密教が顕教の対極をなすものというのではなく、超越的な包摂として異質の思想をもすべて綜合的に統一しながら、全体的な調和のなかに個性が生かされているのである。

こうした密教の論理は、空海の全著作にわたって認められる。しかも、それは教義に関するものだけでなく、文芸や書、その他万般にもいちように見出すことができる。

その一例として、『文鏡秘府論《ぶんきょうひふろん》』を取りあげてみよう。『文鏡秘府論』は広本、『文筆眼心抄』は略本である。略本は空海真撰の抄出である。『文鏡秘府論』は世界的に注目されている。たとえば、世界的な言語学者ヤコブソンが十年程前に来日したとき、日本に来て最初に読みたい本はという質問に対して、『文鏡秘府論』だといったのは、有名な語り草になっているほどである。すでに、明治時代に幸田露伴、谷本富、内藤湖南ら多くの文人学者によって『文鏡秘府論』が世界唯一の唐代逸書の宝庫であることが指摘され、注意が喚起されたのであった。加地哲定、小西甚一らの先人の研究もある。

革命後の中国でも、今日までに数種の出版があるのをみても、いかに国際的に重要な文芸の書であるかが分かるであろう。

著者の手元にある『内藤湖南全集』第九巻をみると、「弘法大師の文芸」（『日本文化史研究』）という一文が収めてある。これは明治四十五年（一九一二）六月十五日弘法大師降誕会講演の筆録である。ここに『文鏡秘府論』『篆隷万象名義《てんれいばんしょうみょうぎ》』その他、空海の書に関すること、真蹟などが取りあげられている。

さすが一代の碩学であった湖南は、手持ちの『文鏡秘府論』の上欄に気がついたことをその都度書き入れているので、それを手懸りに話をすすめたというものである。なぜ『文鏡秘府論』かといえば、当時、空海は詩文の手引きとなるものを念願して作られた。しかし、仏者である私は修禅に明けくれているので、そうした禅関の余暇に筆をとったにすぎないと序論でのべているが、その内容は非常に高度な作詩文概論であるとともに文芸評論でもある。

参考にしたものの一つに盛唐の詩人であった王昌齢《おうしょうれい》の『詩格』がある。これは空海の詩文集『遍照発揮性霊集《へんじょうはっきせいれいしゅう》』巻第四所収「雑文を献ずる表一首」のうちに王昌齢集一巻とある、その人である。この表は弘仁三年（八一二）七月二十九日、空海が嵯峨帝に献上した書蹟に添えている。

また、序論に挙げる沈約《しんやく》、劉善経《りゅうぜんけい》、王昌齢、皎然《こうぜん》、崔融《さいゆう》、元兢《げんきょう》などの詩論を空海はすべて参考に用いて、綜合的な独自の詩論をきわめて論理的に展開している。これらの人びとは多く唐代に活動したのであるが、それらの著作は伝えられていない。また巻末に『帝徳録』というものをほとんど全文引用しているが、これも現在、伝えられていない。『隋書』経籍志、『旧《く》唐書《とうじょ》』経籍志、『新唐書』芸文志、藤原佐世《すけよ》の『日本国見在書目録』には、右の詩論書のいずれかが記載されているが、原本のおもかげはまったく『文鏡秘府論』によってのみしか窺うことができないのである。たとえば、劉善経の『四声指帰』の引用によって中国六朝時代の四声に関する議論を知る手懸りが得られる。これも、『文鏡秘府論』を置いて他に資料はない。

右は内藤湖南が指摘したことであって、つまり、この空海の著作がなぜ世界的に重要な文芸的価値をもったものであるかが、その時の講演で端的に述べられているのである。

詩論の詳細な内容については、近く刊行される『弘法大師空海全集』第五巻を見ていただきたい。ただ、筆者が注目したいのは、空海が唐代の代表的な詩論を網羅的に蒐集して、克明に研究した結果、それらを綜合した独自の詩論を作り上げたことである。

綜合の天才といってしまえばそれまでであるが、空海があらゆる文化活動、社会活動に至るまで、その天分を発揮したことは想像以上のものがあるといわなければならない。

空海が庶民の子弟のために綜藝種智《しゅげいしゅち》院《いん》を開設したのは、天長五年（八二八）十二月十五日のことであった。この校名「綜藝種智」は『大日経』に典拠があり、あらゆる学藝を綜合的に統一することを意味する。その教育理想（(1)教育環境の整備　(2)綜合教育　(3)良師　(4)師弟の完全給費制）において綜合教育をいかに重視しているかは、インド・中国のすべての学問分野を例示していることによって、これを知ることができる。つまり、空海自身が学藝の綜合の実践者であった。

いまだ有らず、一味《いちみ》美《び》膳《せん》をなし、片音妙曲《へんいんびょうきょく》を調ぶということ。（『綜藝種智院式幷序』）

これが空海の綜合教育の根本理念であった。また、「物の興廃は必ず人による。人の昇沈は定めて道に在り、大海は衆流《しゅる》によって深きことを致す、蘇迷《そめい》（＝須弥山《しゅみせん》）は積塵《しゃくじん》を待って高きことをなす云々」というのが、空海の信念とされるところであった。『秘密曼荼羅十住心論』『秘蔵宝鑰』に結晶された壮大な宇宙的構想は、まさしく綜合の総決算であるといえよう。

宇宙生命交響楽の名指揮者・空海。

異なった価値体系、相互に相違する世界観の統合的共存の思想は、宗教における多神教の形態と密接な関係を有する。そして、空海の密教にみられる典型的な統合的共存の論理は、もとより曼荼羅そのものとして具現されているけれども、その淵源するところの歴史的思想的背景が理解されなければならないであろう。

数千年前のインダス文明の時代にすでにインドでは多神教の宗教形態が認められる。インド・アリアン民族がインドに移住したころ、『リグ・ヴェーダ聖典』が編纂され、同じく豊かな多神信仰がおこなわれていた。そして非アリアン系の神々とアリアン系の神々との複合化は、インド文化史そのものの過程を形成してきたのであった。

複合文化は初期仏教においてすでにみられるが、大乗仏教は汎仏論《はんぶつろん》（＝汎神論）の立場をとり、密教の曼荼羅はその究極的な形態を様式化したものである。

かつて、ヴェーダの詩人は多神の存在に対して、「賢者は唯一なるものをさまざまの名でよぶ」という解答を与えたのであった。現実的にインドは多神の共存する国土である。そこには一神論の支配する世界の排他性と同一性とはおのずから異なった思惟と論理が顕著に認められる。

一体をなして分割されざる一つの神を信じて、その性質の多様な様相を思わぬことは、即ち抽象的な一つの神を信ずることである。――もしわれわれが神をそのすべての表われにおいて崇めようと欲するならば、われわれはその表われに一々神の名をつけるであろう。（ロマン・ローラン著、宮本正清訳『ラーマ・クリシュナの生涯』）

すべての宗教は同一点に集まる各方面からの道路の如きものである。同一の目的に到達するのならば、異なれる道路を取ることはなんの差支もない。（『ガーンディー聖書』岩波文庫）

このような思惟と論理は密教の曼荼羅の原理そのものでもある。そして、空海密教はさきにのべたように、その最もすぐれた結実として、共存、融和、統合の思惟と論理を綜合的共存の構造にまで高めている。

一神教の宗教が多様な民間信仰を絶滅したり、他宗教の存在を否定排除することによって宗教的真理を普及しようとしたために宗教戦争まで引き起こしたことは、歴史的事実である。

江戸時代の民衆密教家、連体《れんたい》は『真言開庫集《しんごんかいくしゆう》』という仮名法語《かなほうご》のなかで、空海密教の核心を指摘しながら、端的に次のように説いている。

曼荼羅の聖衆《しようじゆ》は声聞《しようもん》・縁覚《えんがく》・世天《せてん》等なれども、皆、大毘盧遮那《だいびるしやな》仏身《ぶつしん》に同じ。

曼荼羅の諸尊はみな到於《とうお》実際《じっさい》の聖衆なれば浅深高下《せんじんこうげ》のあることなし。

近代世界の支配者であるヨーロッパ人の宗教は砂漠遊牧民族の一神教に起源する。矛盾対立に終始する非寛容の精神、科学技術文明による世界の一様化の根底に存在する唯一なる世界観。

それらは、現在、力の論理による他者の否定という世界像が地球的な規模において人類を支配するという結果をもたらしているのである。

力の論理が生んだ核の脅威。そして今や人類は絶滅か生存か、死か生か、の二者択一に迫られている。

力の論理がはたらくところには、力の均衡による世界平和の維持ということしかあり得ない。二極化それ自らは力の論理を克服する論理を持ち合わせていないというパラドックスがある。

空海密教の曼荼羅には、力の論理とは異なった綜合的共存の論理を見出すことができる。また空海の三昧耶戒《さんまやかい》のなかに大衆の利益に反する行動をしないことを誡めた条項がある。イデオロギーや政治的立場、信条の相違などを超えて、現実的に綜合的共存の論理をどのように実践していくかということは、人類が二十一世紀に生きるための英知と行動にかかわっているのである。

# 空海の思想と現代

昭和五十九年三月二十一日は弘法大師空海のご遠忌千百五十年を迎え、さまざまな記念の行事や事業が行なわれている。

空海は平安初期に真言宗を開いたことは、いうまでもないが、わが国上代における代表的知性として、また大陸文化を移植した第一人者として知られている。

空海の数多くの著作はきわめて難解である。したがって、大師信仰の盛んな割には、従来、一般の人びとにはほとんど読まれる機会がなかったように思われる。

現在、それらの著作を網羅した現代語訳の出版がすすめられ、『弘法大師空海全集』(全八巻、筑摩書房)が刊行されている。

この機会に、空海の思想の現代的な意義について若干考えてみたい。

空海の真言宗(真言密教)は、九世紀にひろくアジアの諸地域に伝播《でんぱ》していた密教の主流をなすものである。仏教は釈尊を開祖とする。密教はもちろん仏教の発展形態にほかならないが、その教主は釈尊ではなく、大日如来であるとする。大日如来はこの全宇宙をもって身体とするところの宇宙の霊格であり、したがって万有一切によって象徴されている仏身である。その造型化されたものを曼茶羅《まんだら》という。

空海密教では金剛界《こんごうかい》曼茶羅と胎蔵《たいぞう》曼茶羅との二種の曼茶羅が説かれる。本来、一者であるべき宇宙生命の世界がこのように二面性をもつのは、前者が智慧のはたらく差別の世界、または現象を、後者が慈悲のはたらく平等の世界、または理法を表現するものとされているからである。

いわば、このような二重構造をもってそれが融合相即《ゆうごうそうそく》しているところに、曼茶羅の世界の特色が認められよう。

この曼茶羅の原理にもとづいて、密教における壮大な宇宙的世界観を提示したのが、空海の双璧の主著である『秘密曼茶羅十住心論《ひみつまんだらじゅうじゅうしんろん》』（略称『十住心論』）十巻と『秘蔵宝鑰《ひぞうほうやく》』三巻である。両著は広本と略本との関係にあって、後著は前著の内容を要略したかたちをとっているけれども、実質的には、思想内容を異にした立場が明らかにされている。

要するに、空海はこれらの著作で、人間のあらゆる思想を状況面と歴史面との双方に視点をすえて、総合的に位置づけ全体的に統一することを試みたのであった。

平安初期という時代的な制約があるのは当然のことながら、当時におけるインドの哲学諸思想、中国の儒教、道教、仏教のさまざまな流れを鳥瞰《ちょうかん》している。そこでは二つの構造がオーバーラップしながら、弁証法的な展開を示している。

第一には、諸思想をそれぞれ人間精神の発達段階に位置づけし、低次元の思想から漸次、高次元の思想へと進展してゆく。

第二には、そうした人間精神の発達段階がそのまま諸思想の歴史的な発展を構成しているということである。

たとえば、仏教についてみると、釈尊の初期仏教、小乗仏教または部派仏教とよばれるもの、またインドにおける大乗仏教の二大潮流である唯識派《ゆいしきは》と中観派《ちゅうがんは》、それらの展開した中国とわが国における法相宗《ほうそうしゅう》、三論宗、中国仏教を代表する天台宗と華厳宗《けごんしゅう》、そして、空海が入唐した当時におけるインド伝来の最新の仏教である密教。

このようにみると、この順序は仏教の歴史的発展がそのまま総合仏教としてまとめられていることが知られる。

空海は全仏教を顕教《けんぎょう》と密教とに分類した。顕教は密教以外の一般仏教である。『秘蔵宝鑰』では、一般の諸思想をもふくめた顕教と密教とはいわば異次元の関係に位置づけ、両者を非連続的なものとする。これに対して『十住心論』では、一般の諸思想をもふくめた顕教をことごとく密教に包摂し、それらはすべて何らかの意味において密教の一形態とみる。この場合、顕教と密教とは連続的なものとして捉《とら》えられている。

前者において密教は超越的に認識され、後者において密教は包摂的に認識されると解することもできる。空海は、超越と包摂とをものの見事に統一している。思うに、それは曼荼羅の原理そのものでもある。

現代は世界的にみて価値の多様化の時代であるといわれている。一元論的な思想や理論によって他の諸思想を排除したり否定するという世界観に対して、多くの人びとは疑念を抱いている。

多様な価値観や思想がその全体的な統合のなかで、調和と秩序をもったものとして、各個が相互に承認され、生かされるためには一元論的な思想や理論はもはや人類全体の思想として通用しがたくなってきている。

空海密教は、そうした人類の思想の将来に多くの示唆を与えているように思われて仕方がない。

# II 文化人としての空海

## 空海の軌跡――『弘法大師行状絵詞』にそって

弘法大師空海（以下空海とよぶ）は真言宗の開祖であるが、上代日本の代表的知性であり、日本文化の母（辻善之助博士）と称されている。

空海は、奈良時代末期の宝亀五年（七七四）に、四国の讃岐国《さぬきのくに》（現在の香川県）多《た》度郡《どのこおり》屏《びょう》風《ぶ》が浦《うら》で、佐伯直田公《さえきのあたいたきみ》と阿刀《あと》氏出身の母の三男として誕生した。父方の佐伯直は、当時、佐伯部とよばれる、集団的な蝦夷《えぞ》の虜囚《りょしゅう》を管理していた讃岐地方の国造《くにのみやっこ》の家柄であった。阿刀氏はおそらく文をもってたつ家柄で、母方の外舅《おじ》に阿刀大足《あとのおおたり》がいる。かれは桓武帝の皇子伊予親王の侍講《じこう》になったほどの人物である。『弘法大師遺告《ゆいごう》』（教王護国寺蔵）、『二十五箇条遺告』（醍醐寺蔵）の伝えによると、父母の家にあって五、六歳のころ、いつもよく見た夢の中では、八葉の蓮華のなかに坐り諸仏とともに語るといったような多くの奇瑞《きずい》がしばしばあった。父母はこの子を大切に育て、貴物《とうともの》と呼んだ。稚児《ちご》大師立像（総本山善通寺蔵）は、空海の幼年時代の姿であるとされる。

幼少から大足について漢学の個人指導を受けたことは、『文鏡秘府論《ぶんきようひふろん》』の序文に、「貧道(私)、幼にして表舅《ひようきゆう》(大足)に就きて、頗《すこぶ》る藻麗《そうれい》(文章)を学び、長じて西秦《せいしん》(唐)に入って粗《ほぼ》、余論を聴く」と、後年、空海が追懐しているとおりである。空海の天与の才分の開花は、大足の薫陶のたまものといってよいのである。

## 生死をかけた苦行

青春時代の言語に絶する試練の人生遍歴は、延暦十六年(七九七)十二月一日、空海二十四歳のときに書きあげた思想劇『三教指帰《さんごうしいき》』三巻の序に簡明な筆致ですべて告白されている。この別本が『聾瞽指帰《ろうこしいき》』三巻(金剛峯寺蔵)で、すでに王羲之《おうぎし》の書風の影響がみられ、青年空海の覇気《はき》がみなぎっている。

『三教指帰』序によると、十五歳にして大足に師事し、十八歳で京《みやこ》に上って大学に入り、刻苦精励した。ところが、ある日、一人の沙門《しやもん》(仏者)が虚空蔵求聞持法《こくうぞうぐもんじのほう》なるものを教えてくれた。それは虚空蔵菩薩の真言百万遍を誦《じゆ》すれば、あらゆる教法を暗記することが出来ると経文に説かれているものであった。そこで、これを信じて、阿波国大滝岳《たいりゆうがたけ》、土佐国室戸崎《むろとざき》などで生死をかけた苦行をおこなった。

「谷、響きを惜しまず、明星、来影す」というように、効験があった。『聾瞽指帰』には伊予国石槌山《いしづちさん》、大和国金峯山《きんぷせん》が修行の場所としてあげられる。石槌山では雪中で死線をさまようほどの激しい苦行をおこなった。

その結果、都の栄華をいとい、人間社会の不平等に心が痛み、さらにかれこれの事情があって出家することを決意した、とのべている。

上巻は儒教を代表する亀毛《きもう》先生が立身出世の道を説き、中巻は道教を代表する虚亡隠士《きょぶいんし》が不老不死の神仙道《しんせんどう》を教える。下巻では仮名乞児《かめいこつじ》が入れ替って登場し、慈悲のはたらきですべての人びとを救済する仏教を説く。このみすぼらしい乞食スタイルの乞児こそ山岳修行者としての空海の自画像にほかならない。儒・道・仏の三教はいずれも特色があり、指向するところは同じでも、そのうちで大乗仏教が最も勝れている云々と、三人で唱和して幕が下りる。

本書はわが国における最初のリーディング・ドラマ風の思想批判書である。筋の運びには漢籍文献や仏典を縦横無尽に援引し、文体は六朝《りくちょう》以来の四六駢儷文《しろくべんれいぶん》である。

以後、六年余りの歳月は、空海伝のなかで謎の空白時代だ。しかし、奈良仏教の諸宗の教義の研鑽を積み、密教の典籍にもある程度ふれ、またおそらく唐僧たちについて唐語の学習に寧日《ねいじつ》もなかったことと思われる。そしてインドから唐に渡った最新の仏教である密教の存在に空海の熱いまなざしがそそがれていたにちがいない。

## 世界文化の中心、長安に入る

延暦二十三年（八〇四）五月十二日、藤原葛野麻呂《かどのまろ》を大使とする四船団よりなる遣唐船が難波（現在の大阪）を出帆した。このとき、葛野麻呂の第一船には二十年の留学を予定する空海と橘逸勢《たちばなのはやなり》ら一行二十三名が、また副使の菅原清公《すがわらのきよきみ》の第二船には天台山をめざす最澄（伝教大師）らが乗りこんだのであった。

『弘法大師行状絵詞《えことば》』（教王護国寺蔵）に「出家学法」の場面がある。空海の出家の年次は伝承に諸説があるが、実際には入唐の資格を得るために、その年の四月七日に出家得度したもののようである。

一行の船団は九州を南下し、七月六日、肥前国田ノ浦を出発した。まもなく暴風雨にあい、船団は四散した。第一船は、一カ月後の八月十日に福州の東北方にある赤岸鎮《せきがんちん》の南の河口に漂着した。当時、遣唐船は江蘇地方に到着する慣わしだったので、福州の観察使《かんざつし》（地方長官）閻済美《えんさいび》は嫌疑をかけ、上陸を許可しなかった。

十月三日、大使に代って、「大使の為に福州の観察使に与うるの書」を執筆したのが、空海であった。直ちに許されたが、なぜか空海一人だけは長安に行くことが不許可になった。官僧を証明する朝廷の祠部牒《しぶちょう》の発行が乗船入唐までに間にあわなかったのであろうか。

そこで、空海は改めて「福州の観察使に入京せんと請う啓《けい》」を差出して、ようやく一行とともに福州を出発したのは、この年の十一月三日のことであった。中国大陸を縦断しながら北上し、歓呼の声とともに目ざす長安の都に入ったのは十二月二十三日。翌日、大使一行は桓武帝の国書、貢物をささげ、二十五日には徳宗の接見がおこなわれた。

百万都市の長安はシルクロードの起点で、すでに時代は中唐の盛期をすぎていたが、世界文化の中心地であったことはいうまでもない。仏教十三宗、儒教、道教、景教（キリスト教の一派で、東ローマ教会系のネストリウス派）、祆《けん》教（イランのゾロアスター教）、摩尼《マニ》教（西アジアの拝火教）などもおこなわれていた。絢爛たる文化の花は空海の目を奪って余りあるものがあったにちがいない。行き交う中央アジアの諸民族、ペルシャやインドの人びと。玄奘《げんじよう》ゆかりの大雁塔、不空の大興善寺《だいこうぜんじ》などにも空海はいくたびか足を運んだことであろう。白居易《はくきよい》（七七二―八四六）などと会ったかも知れない。

## 遍照金剛の名を授かる

翌延暦二十四年（唐、貞元二十一年）二月十日、大使一行は宣陽坊《せんようぼう》の官宅を出発し、帰国の途についた。空海と逸勢の二人だけは右街の延康坊にある西明寺に移住した。ここにはすでに長期留学の永忠がいて、二人の世話をし、長安の仏教界の事情などをつぶさに伝えたことと思われる。空海は唐密教を学ぶために、まず醴泉寺《れいせんじ》の般若三蔵と牟尼室利《むにしり》三蔵について、サンスクリット語やインドの諸思想を学んだ。般若三蔵はみずから翻訳した四十巻本『華厳経』『守護国界主陀羅尼経《しゅごこっかいしゅだらにきょう》』『大乗理趣六波羅蜜多経《だいじょうりしゅろくはらみたきょう》』などや、サンスクリット原典三本を贈り、空海に仏法を日本に流伝するように遺言した。

また、空海はインドのバラモン僧とも会ったのであった。

たまたま左街の新昌坊にある青竜寺《しょうりゅうじ》の恵果《けいか》の名声を聞き知って、志明《しみょう》、談勝《だんしょう》らの数名とともに訪れた。『請来目録』に「和尚《わしょう》、たちまちに見《まみえ》て笑《えみ》を含み、喜歓して告げていわく、我れ先より汝《なんじ》が来たることを知りて相待つこと久し。今日、相見ること大いに好《よ》し、大いに好し。報命竭《つ》きなんと欲すれども付法に人なし。必ず須《すべか》らく速かに香花《こうけ》を弁じて灌頂壇《かんじょうだん》に入るべし」とある。恵果阿闍梨像（西生院蔵）をみると、恵果は一人の侍者を従えている。

六月上旬に学法灌頂壇に入り胎蔵の五部灌頂を、七月上旬に金剛界の五部灌頂を受けた。ともに投華得仏《とうけとくぶつ》のときに、両部の曼荼羅の中央大日如来に落花した。恵果は讃嘆の声をはなち、灌頂号として空海に遍照金剛の名を授けた。

さらに八月上旬に伝法灌頂《でんぽうかんじょう》を受けた。この日、青竜寺、大興善寺などの五百僧が随喜した。『絵詞』の「恵果附嘱《ふしょく》」の図は、恵果の授法を表わす。

恵果は「真言秘蔵は経疏《きょうしょ》に隠密にして、図画を仮らざれば相伝することあたわず」として、李真たち十余人に胎蔵・金剛界などの大曼荼羅十鋪《ほ》を描かせ、二十余人の写経生に密教経典を書写させ、また楊忠信（趙呉）に密教の法具十五事を造らせたのであった。

このようにして、恵果は『大日経』『金剛頂経』の両部の大法を悉《ことごと》く伝授するや、「早く郷国に帰ってもって国家に奉り、天下に流布して蒼生《そうせい》（人びと）の福を増せ。しかればすなわち四海泰《やす》く、万人楽しまん云々」（『請来目録』）と遺言し、十二月十五日に示寂《じじゃく》した。

インド密教の直系は、大日如来――金剛薩埵《こんごうさった》――龍猛《りゅうみょう》（ナーガールジュナ）――龍智（ナーガボーディ）――金剛智（ヴァジラボーディ）――不空金剛（アモーガヴァジラ）――恵果と付法したので、空海は第八祖を継承したのであった。恵果は生前、空海に、金剛智――不空金剛――恵果と伝来した阿闍梨の付嘱物および自らの犍陀《けんだ》穀子《こくし》袈裟《けさ》（教王護国寺蔵）他四種を授与した。空海と恵果とのまさに千載一遇の出会い。空海密教がになう不可思議な歴史の運命のようなものを思わずにはいられない。

インドの体系的な密教は、唐代に善無畏《ぜんむい》（シュバカラシンハ、六三七―七三五）によって玄宗の開元十二年（七二四）に『大日経』（『大毘盧遮那成仏神変加持経《だいびるしゃなじょうぶつじんぺんかじきょう》』）が、また開元八年（七二〇）に来唐した金剛智（六七一―七四一）によって『金剛頂経』（『金剛頂瑜伽中略出《こんごうちょうゆがちゅうりゃくしゅつ》念誦経《ねんじゅきょう》』）などが翻訳された。これら両部の経典は不空によって体系的に整備され、恵果に伝えられた。そして、恵果が空海に伝授したのである。

翌延暦二十五年（八〇六、唐の元和元年）一月十五日、空海は門下を代表して「大唐神都青竜寺故《もとの》三朝の国師灌頂の阿闍梨恵果和尚の碑」を撰文した。恵果の数多い門下のうちで、異国の一青年僧が恩師の追悼の碑文を書いたということだけでもまったく異例だといわなければならない。

空海は長安にあって多くの仏者、文人墨客と交際した。恵果の高弟の一人の惟上《ゆいじょう》が空海の作った離合《りごう》の詩を、あるとき泉州の大学者馬総（摠）に送った。かれは驚き怪しんで、次の詩を返したのであった。

何ぞ乃《なんじ》万里より来れる　その才を衒《てら》うにあらざるべけんや。
学を増して玄機を助けよ　土人《とじん》、子《なんじ》が如きなるもの稀なり。

馬総は『旧唐書《くとうじょ》』などにも伝記がみえ、韓退之《かんたいし》と詩酒を交わしたなかである。

## 留学を切りあげ帰国

この延暦二十五年四月ころには、空海は越州におもむき、その地の節度使《せつどし》（地方長官）に依頼し、内外の典籍の蒐集、書写に心血をそそいだのであった。

衣鉢竭《つ》き尽きて人を雇うことよくせず。食寝を忘れて書写に労す。日車《じっしゃ》返り難くして忽《たちま》ちに発期《はつご》に迫れり。心の憂《うれい》ある、誰に向かってか紛《いきどおり》を解かん。（「越州の節度使に請

うて内外の経書を求むる啓」一首）

空海在唐中の書写ノートの一部は『三十帖冊子』（仁和寺蔵）として現存する。唐の写経生や逸勢の筆も交えるといわれる。あらかたの梵字は空海の直筆である。

これよりさき、一月に「本国の使に与えて共に帰らんと請う啓」および逸勢の代筆をした「橘学生《きつがくしよう》の為に本国の使に与うるの啓」を書いた。本国の使いとは、遣唐判官高階真人《たかしなのまひと》遠成《とおなり》である。密教を学び終り、恵果の示寂に遇ったことが、空海に早く帰国の志をかためさせたのだと思われる。

空海は大同元年（八〇六）十月二十二日付で、帰国報告と請来品のリストを遠成に託したので、十月初めころまでには筑紫の太宰府に帰着していたのであろう。今日、『弘法大師《こうぼうだい》請来目録《ししようらいもくろく》』（教王護国寺蔵）と『請来目録上表文』（施福寺蔵）が伝わっている。上表文には二十年留学の期間を欠いたことについて、「空海、闕期《けつご》の罪、死して余りあり」とのべながらも、新しく密教を請来したよろこびを伝えている。新訳の経（『貞元録』未載の不空訳など）、梵字真言讃、論疏章などすべて二百十六部四百六十一巻の他、密教の仏菩薩金剛天等の多数の仏体、両部各種の曼荼羅、歴代阿闍梨の肖像画、道具九種、阿闍梨の付嘱物十三種である。

さらに真言八祖像（神護寺蔵）があり、また教王護国寺の真言七祖像《しんごんしちそぞう》のうち龍智菩薩像は弘仁十二年（八二一）に空海が描かせたものだが、他に金剛智、不空金剛、恵果、善無畏、一行《いちぎょう》の肖像（教王護国寺蔵）は恵果が李真に描かせたもので、伝世の唐代の絶品である。飛白体で書いた讃は空海の直筆である。

## 国家鎮護の修法を行なう

空海の北九州留住の時代は意外に長かったようである。大同四年（八〇九）二月に、空海は最澄に名刺を送っている。この年八月二十四日に、最澄は空海に『大日経』系の密教経典等十二部の借覧を申し入れた。おそらく、空海が遠成に託した『請来目録』をいちはやくみたのは、最澄であったであろう。現存する『弘法大師請来目録』（教王護国寺蔵）は、伝教大師筆とされている。最澄の仏典借用はそれ以前からであったと思われる。以後、両大師の間にうるわしい交友が結ばれる。

空海が最澄に宛てた消息はもと五通あったというが、現存するものは三通である。その中でも『風信帖《ふうしんじょう》』（教王護国寺蔵）が空海の代表的な書蹟として著名である。「風信雲書《ふうしんうんじょ》、天より翔臨《しょうりん》す云々」という書き出しではじまる。最澄から『摩訶止観《まかしかん》』を恵与されたことに対する返礼を述べ、比叡山に登ってほしいという要請には時間の都合でお応え出来ない、「最澄と室生山の修円《しゅえん》、私こと空海がともに集まり、仏法を興隆したいので、こちらへお出掛けくだされたい」という文面である。

おそらく両者交友の初期、空海が高雄山寺の北院に住していた弘仁二年（八一一）ころの書翰であろうか。

大同四年（八〇九）十月四日、高雄山寺に在住中の空海は嵯峨《さが》帝の勅命で、『世説《せせつ》』の屏風両帖を献上した。帝と空海との友人的な交際がこのときより始まる。

弘仁元年（八一〇）九月、薬子《くすこ》の乱が起こった。この年十一月一日より高雄山寺で国家を鎮護する修法をおこない、空海の存在はようやく世人の注目をあつめるようになった。

弘仁二年（八一一）より同三年にかけて、唐より請来した多数の詩集、梵書《ぼんしょ》、古人の真筆などを奉献している。また弘仁三年（八一二）六月七日、唐製に模して狸毛《たたげ》の筆四本を筆工坂名井清川に造らせて献上した。『狸毛筆奉献表』（醍醐寺蔵）がそれである。

この年、十一月十五日に高雄山寺で金剛界結縁《けちえん》灌頂を、また十二月十四日に胎蔵結縁灌頂を開壇した。このとき、いずれも最澄は弟子の礼をとって空海より受灌した。『灌頂歴《かんじょうれき》名《みょう》』（神護寺蔵）は、そのときの空海自筆の受灌者名簿である。

弘仁五年（八一四）八月三十日、補陀落山《ふだらくせん》（現在の日光山）を開いた勝道上人の徳を讃えた「沙門勝道、山水を歴《へ》て玄珠を瑩《みが》くの碑」の文を撰した。下野国《しもつけのくに》の伊博士の依頼によるものである。今日、『二荒《ふたら》山碑《さんひ》文《ぶん》』（神護寺蔵）が伝えられる。

弘仁六年（八一五）ころには東国地方の布教伝道のために、筑波の徳一《とくいつ》、下野の広智、甲斐の藤原真川、常陸の藤原福当麻呂《ふとまろ》らに弟子の康守たちを遣わして書状を送り、密教の聖教の書写、流布《るふ》を懇請している。

## 高野山開創に着手

大同元年（八〇六）、空海が唐より帰国の途中、海上が荒れて果たして無事本国に着岸できるかどうか危ぶまれたことがあった。空海は船中で一つの小願をたてた。それは無事帰国を神明に祈り、帰国後は修禅の一院を建立して報いたいという誓いであった。この小願を果たすため、弘仁七年（八一六）六月十九日に、紀州高野山開創の勅許を願い出た。七月八日、太政官符《だじょうかんぷ》が下り、いよいよ開創に着手した。このとき、空海を大和国宇智郡より高野山に導いたのは狩場明神《かりばみょうじん》であり、また地主神は丹生津姫命《にうつひめのみこと》だとされる。狩場明神は犬飼の姿で高野の明神とよばれたことが、『今昔物語集《こんじゃくものがたり》』巻第十一にみえる。今日、「狩場明神・丹生明神像」（金剛峯寺蔵）が伝えられる。

開創の目的の一つは国家のためで、二つにはもろもろの修行者のために修禅の一院を建立するにあった。そして、修行者は国の宝、民の梁《はし》（かけはし）たるべきものでなければならないとのべている。

弘仁十年（八一九）五月三日より伽藍《がらん》の建立が開始されたが、高野山開創は、ついに空海の後半生の大事業となる。弘法大師像（教王護国寺、西新井大師総持寺、元興寺《がんごうじ》、六波羅蜜寺など蔵）は、伝承では高野山開創当時の四十二、三歳ころの空海をモデルにしたものといわれ、もとは伝真如親王筆の肖像画（御影《みえい》）であった。

### 父母のごとく慕う百姓

ここで空海密教をうかがっておきたい。密教は顕教すなわち一般仏教と区別され、教主は宇宙の全存在をもって象徴される絶対者大日如来である。そして、現世においてこの肉身のままで最高の宗教的人格を完成するのを即身成仏という。この密教の核心を論証したのが『即身成仏義』である。空海が多くの経典を密教の立場から概説した開題類のうち、真蹟として『金剛般若経開題残巻《こんごうはんにゃきょうかいだいざんかん》』（奈良・京都国立博物館他蔵）がある。

弘仁十二年（八二一）六月より三カ月をかけて、四国讃岐の満濃池《まんのうのいけ》を修築する大工事を完成させている。同年四月の「国解《こくげ》」に、空海を「百姓、恋い慕うこと実に父母のごとし」とある。やがて、空海は全国をめぐり治水土木をおこなったという伝説が形成されるようになった。

越えて十四年（八二三）一月十九日、嵯峨帝は藤原良房を遣わし、空海に東寺を給預した。『絵詞』に「東寺勅給」の場面がある。東寺は西寺とともに朱雀大路《すざくおおじ》をはさんで、その左右に建立された王城鎮護の寺院である。空海は東寺を真言密教の根本道場にさだめた。羅城門には唐より請来した北方守護の兜跋《とばつ》毘沙門天立像（教王護国寺蔵）が安置されていた。

天長五年（八二八）四月十三日、勤操《ごんぞう》の忌日に当り、『梵網経《ぼんもうきょう》』を講讃し、その彫像に讃をよせた。勤操僧正が空海の求聞持法の師というのは伝説であって、空海の法友とみるべきであろう。また、空海は南都の元興寺護命《ごみょう》、唐招提寺如宝たちとも親交があった。勤操僧正像（普門院蔵）がある。

この年十二月十五日に、京都左九条の東寺の東隣りに綜藝種智院《しゅげいしゅちいん》を開創した。わが国初の庶民の子弟のための学校として、世界の教育史上特筆すべき事業である。教育環境の整備、綜合教育、良師を得ること、教師と子弟の完全給費制の四つを教育理想として掲げている（『綜藝種智院式』）。なお、あらゆる学芸は大日如来の絶対智より発現したものというのが、校名の由来するところである。

## 永遠の瞑想の世界に入る

天長七年（八三〇）、各宗の宗義を差し出すようにとの淳和帝《じゅんな》の勅命があった。このとき、空海は『秘密曼荼羅十住心論』十巻、『秘蔵宝鑰』三巻の二部を提出した。これらは空海の双璧の主著であって、密教の世界が曼荼羅によって表現されるとおり、綜合的統一の世界観を確立し、一切の思想、哲学、宗教を包摂するとともに、同時にそれらが人間精神の発達過程の十種のパターンを形成している。この他、空海の主要な著作に『即身成《そくしんじょう》仏《ぶつ》義』『声字《しょうじ》実相義』『吽字《うんじ》義』の三部作、『弁顕密二教論』『般若心経秘鍵《ひけん》』、広略二種の『付法伝』などの、また、『文鏡秘府論』『文筆眼心抄』のような文芸に関する著作があり、これらはすべて『弘法大師全集』『弘法大師空海全集』全八巻（筑摩書房刊）に収められている。唐代逸書の宝庫ともいわれる『文鏡秘府論』は、北京人民文学出版社から校訂本が出版された。

晩年、弟子の真済《しんぜい》が空海の詩文のアンソロジー『遍照発揮性霊集《へんじょうはっきせいれいしゅう》』十巻を編集した。その序のなかで「天、吾が師に仮して伎術多からしむ」と、万芸の天才の面影を率直に伝えている。真済僧正像（神護寺蔵）は、空海の侍坐の高弟の面目をしのばせるものである。

承和二年（八三五）一月、宮中真言院で後七日御修法《ごしちにちみしゅほう》がおこなわれた。国家安泰、五穀成就、済生利民《さいせいりみん》を祈願する秘法で、爾来《じらい》、今日までつづけられている。

三月二十一日、春浅い高野山で空海は「滅を唱えた」（『空海僧都伝』）。のちには、これを入定《にゅうじょう》という。永遠の宗教的瞑想の世界に入り、今もなお一切衆生を救済しているという信仰である。やがて、仏滅後五十六億七千万年後の暁に弥勒菩薩が竜華樹の下で成仏するまでの無仏の闇黒時代の大導師《だいどうし》としての大師信仰がひろまってゆく。

空海の入定は承和五年（八三八）に入唐僧円行によって唐にまで伝えられた。

高野山は弘法大師入定の聖地であり、現世の浄土であるという信仰は、中世の時代の高野聖の活動と相まって天下にひろがった。そして、今日なお大師信仰は少なからぬ日本人の精神構造のなかに生きつづけている。空海の修行の聖地を巡拝する四国八十八カ所霊場の信仰などは、その典型的なものといえよう。

# 恵果との出遇い

延暦二十三年（八〇四）五月十二日、空海は遣唐大使藤原葛野麻呂《かどのまろ》の第一船に同乗して、難波の港を出帆した。一行は大使・副使石川道益《みちます》・橘逸勢《たちばなのはやなり》ら二十三名であった。さらに、この年七月六日九州の田ノ浦を出発して唐にむかった。空海はこのとき、三十一歳であった。

延暦十六年（七九七）十二月一日に『三教指帰《さんごうしいき》』を書いてから六年数カ月というものは、空海の所在は全く不明である。入唐《にっとう》直前も多くの謎につつまれている。帰国についてはこの当時の正史の記録が欠文になっているので、大同元年（八〇六）十月初め頃であろうと推定されるのみであり、それから二年余りの消息もほとんど知られていない。

このように、空海は生涯の極めて重要な入唐・帰朝前後の一時期がなぜか明らかでない。それだけにまた、在唐中の恵果《けいか》との出遇いは、まさに歴史の突出したドラマだといわなければならない。

『三教指帰』執筆後の空海が、いつ、どこで、何をしていたかは、さまざまに取沙汰されている。

たとえば、『三教指帰』を書くに当っても、あれだけ厖大な仏典や漢籍を駆使しているのだから、それらを披見できる場所がなければならない。そうすると、どうしても奈良の諸大寺ということになるであろうか。

帰朝後、空海は唐招提寺の如宝をはじめ多くの渡来僧――そのいく人かは唐僧だが――と交際をつづけている。おそらく入唐以前は、ほとんど奈良にいて、来朝していたいく人かの唐僧から大陸の仏教の最新の状況を聞き、ある程度は密教の典籍にも触れたり、また唐語を学習する機会にもめぐまれたことと思われる。

帰朝してから間もなく、大同元年十月二十二日付で、遣唐判官高階真人遠成《たかしなのまひととおなり》に託して朝廷に差し出した『請来目録《しょうらいもくろく》』がある。これをみると、『大日経《だいにちきょう》』を註解した善無畏《ぜんむい》の『大日経疏《だいにちきょうしょ》』（詳しくは『大毘盧遮那成仏経疏《だいびるしゃなじょうぶつきょうしょ》』二十巻）を記載するが、肝心の『大日経』は不載である。この事は、空海が入唐前から『大日経』の存在をよく知っており、あるいは写本類を所持していたからなのではないかと思われる。事実、奈良時代に『大日経』はわが国に伝来し、いくつか転写本が流布していたことは、西大寺に現存する天平写経や正倉院目録記載のものによって窺うことができるのである。

当然のことながら、数年間も奈良に学んでいた空海の目に『大日経』が触れたことがあったとしても不思議ではない。入唐前のあるとき、大和久米寺《くめでら》の東塔下で、空海が『大日経』を感得したという伝説は、根拠のない単なるフィクションではないように思われる。

真言密教の付法の七祖といわれる青竜寺《しょうりゅうじ》の恵果の存在は、むろん、空海はまだ知らなかったであろう。当時の唐に関するさまざまな情報がどの程度、わが国に伝達されていたかは明らかでない。しかし、仏教に限ってみると、還学生《げんがくしょう》として入唐した最澄は、中国天台宗の本拠地である天台山に登って道邃《どうずい》に会い『摩訶止観《まかしかん》』を学ぶこと、という第一目的が明確である。これに対して、まだ無名の一青年僧であった空海の場合はどうか。

最初二十年留学を志していた。そして福州に到着したものの、一行二十三名中、空海ただ一人のみ長安に入る許可が下りなかった。このとき、福州の地方長官にあてた公文書「福州の観察使《かんざつし》に請うて入京する啓」は、次のような書き出しではじまっている。

日本国《やまとのくに》の留学《るがく》の沙門空海、啓《もう》さく。空海、才能聞こえず、言行取りどころなし。ただ雪の中に肱《ひじ》を枕とし、雲峯に菜《さい》をくらうことのみを知る。時に人に乏しきに逢うて留学の末にまじわれり。限るに二十年をもてし、尋ぬるに一乗《いちじょう》をもてす云々。

「雪の中に肱を枕とし、雲峯に菜をくらう」と、異国の人にのべているのは、思想劇『三教指帰』下巻に登場する仮名乞児《かめいこつじ》その人でなくて何であろうか。空海は入唐直前までは明らかに私度《しど》の山岳修行者だったのである。すでに平安仏教界に雄飛している最澄の存在とは比ぶべくもない。「時に人に乏しきに逢うて留学の末にまじわれり」というのは、空海のたんなる謙辞ではあるまい。『請来目録』の表《ひょう》にも「命を留学の末に銜《ふく》んで」とある。官許の度牒《どちょう》である祠部牒《しぶちょう》の交付が出帆までに間に合わなかったのか。私度僧《しどそう》であれば入京不許可になるのは当然なことではないか。

一方、桓武帝の信任厚く、安殿《あて》親王がパトロンとなった入唐僧最澄。最澄は訳語僧の義《ぎ》真《しん》をともなった短期視察の還学生《げんがくしょう》である。

両者の身分・待遇などには雲泥の相違がある。

「限るに二十年をもてし、尋ぬるに一乗をもてす」とあるように、空海は留学の成果を得るために、まず二十年の歳月を計算した。また「一乗」とあるのは、すでに渡辺照宏博士が指摘されたように、一地方長官にあてた文書であるので、密教を含意した一般的な呼称をあえて用いたのであろう。

この文書には、末尾に「伏して願わくは、かの道を弘むることを顧みて、京に入ることを得しめよ。然《しか》れば早く名徳を尋ねて速かに志すところを遂げん」とある。これによると、空海の入唐の目的は、長安に入って早く名徳を尋ね、速やかに志すところをとげることにある。
藤原葛野麻呂の第一船に留学生《るがくしよう》である空海と橘逸勢とが便乗したのは、長安にかれらがむかうという入唐の目的を一つにしていたからであると推察される。『請来目録』に、「空海去《い》んじ延暦二十三年季夏の月、入唐の大使藤原朝臣《あそん》に随って同じく第一船に上りて咸陽《かんよう》(=唐)に発赴《はっぷ》す。その年八月、福州に到り、着岸す。十二月下旬長安城に到り、宣陽坊《せんようぼう》の官宅に安置す」とある。だから菅原清公《すがわらのきよきみ》の第二船に還学生である最澄が乗ったのは、天台山にむかう還学生最澄に便宜を与える任を清公が与えられていたということが考えられよう。

空海が「然れば早く名徳を尋ねて速かに志すところを遂げん」といっているのは、二十年留学というプランからすれば、いかにも時を急いでいるようで、矛盾が感じられる。しかも、「志すところ」といっているのは、いったい何だろうか。

結果的には名徳は恵果だったのであり、志すところは密教だったわけである。もとより推想の域を出ないけれども、入唐前に空海は来朝者から誰かれとなく唐密教の中心地は長安であることや、密教の付法の名師が長安にいることを耳にしていたにちがいない。つまり、空海は天台や華厳を学ぶためではなく、初めから密教を学ぶことを志して入唐したのである。だから、入京してからも、密教の名師を探し求め、そこで初めて恵果の名声を聞き知ったでもあろう。
『請来目録』の表《ひょう》に「その年（＝延暦二十三年）の臘月《ろうげつ》（＝十二月）、長安に到ることを得たり。二十四年二月十日、勅に准《じゅん》じて西明寺《さいみょうじ》に配住す。ここにすなわち諸寺に周遊して師《し》依《え》を訪い択《えら》ぶに、幸に青竜寺の灌頂阿闍梨《かんじょうあじゃり》、法の号《いみな》恵果和尚《わしょう》に遇うてもって師主となす。その大徳《だいとく》はすなわち大興善寺《だいこうぜんじ》大広智不《ふ》空三蔵《くうさんぞう》の付法の弟子なり」とある通りである。

空海が、長安の「諸寺に周遊して師依を訪い択《えら》」んだとあるのをもっても知られるように、恵果との出遇いは全く予期していなかった出来事であったにちがいない。『請来目録』にも「二十四年仲春（二月）十一日、大使等、軔《ながえ》を本朝に施《めぐら》す。ただ空海のみ孑然《けつぜん》として勅に准じて西明寺の永忠和尚の故院に留住す。ここにおいて城中を歴《へ》て名徳を訪うに、偶然にして青竜寺東塔院の和尚、法の諱《いみな》恵果阿闍梨に遇《あ》い奉る」とあるように、密教の無比の名師との出遇いは、まさに偶然なことであったのである。

恵果に会うまでの半年間は、長安にあって密教受法の準備のために寧日《ねいじつ》もなかったのであろう。この間、醴泉寺《れいせんじ》に来住していた般若三蔵・牟尼室利《むにしり》三蔵らに学んだ。とくに般若三蔵が空海に贈った四部の経典はいずれもかれ自身が訳出したものである。そのうち、『華厳経《けごんきょう》』四十巻は、いわゆる四十巻本の華厳といわれるもので、「入法界品《にゅうほっかいぼん》」に相当する。『大乗理趣六波羅蜜多経《だいじょうりしゅろくはらみたきょう》』十巻、『守護国界主陀羅尼経《しゅごこっかいしゅだらにきょう》』十巻は、重要な密教経典として帰国後、自家薬籠中のものとして、著作に援用している。「入法界品」を手にしたのは、入唐までの空海が奈良仏教の最高峰である華厳教学に対する傾倒の程を示す。また、『造塔《ぞうとう》延命功徳経《えんめいくどくきょう》』一巻は、のちに高野山を開創し、東西二基の塔を建立したり、東寺五重塔の建立に際して、造塔の理念的な基礎となったものと考えられる。

このようにみると、般若三蔵に学んだことは、まさしく密教受法のためであったことが知られる。

百万都市であったといわれる長安にあった空海が密教を志していることは、多くの人びとに知られるようになり、もちろん、青竜寺の恵果の耳にも達していた。

千載一遇の劇的な出遇いの場面は、『請来目録』に、次のように如実に伝えられる。恵果は空海の来坊を、百年の知己がやってくるのを、今や遅しとばかりに待ちつづけていた様子がよく窺われる。

空海、西明寺の志明《しみよう》・談勝法師等五六人と同じく往《ゆ》いて和尚に見《まみ》ゆ。和尚たちまちに見《まみえ》て笑《えみ》を含み、喜歓して告げていわく、「我れ先より汝《なんじ》が来たることを知りて相待つこと久し。今日相見ること大いに好《よ》し、大いに好し。報命《ほうめい》竭《つ》きなんと欲すれども、付法に人なし、必ず須《すべから》く速かに香花を弁じて灌頂壇《かんじょうだん》に入るべし」と。

空海が西明寺の志明・談勝らにともなわれて青竜寺東塔院に恵果を訪ねたのは、延暦二十四年（八〇五）五月の末頃であったかと思われる。「報命竭きなんと欲すれども、付法に人なし」とあるように、唐密教の正統はまさに終焉《しゅうえん》を迎えようとしていたのである。

六月上旬に胎蔵《たいぞう》の五部灌頂を受け、さらに「胎蔵の梵字《ぼんじ》・儀軌《ぎき》を受け、諸尊の瑜伽《ゆが》観智を学す」とあり、七月上旬に金剛界の五部灌頂を受けた。そして、八月上旬には伝法《でんぽう》灌頂すなわち伝法阿闍梨位に即《つ》く灌頂を受け、「金剛頂瑜伽《こんごうちょうゆが》、五部《ごぶ》真言密契《しんごんみっけい》を相続《つ》いで受け、梵字・梵讃、間《まま》もってこれを学す」とあるように、僅か二カ月ほどの間に、金胎両部と伝法灌頂を受けたことは、まさに異例なことだといわなければならない。

恵果は、金剛智・不空・恵果と伝えられた阿闍梨付嘱物、および恵果の付嘱として犍陀《けんだ》穀子袈裟《こくしのけさ》一領他を空海に授けた。そして、恵果は李真らの画師十余人に胎蔵・金剛界等の大曼荼羅《だいまんだら》等十鋪《ほ》を描かせ、二十余人の写経生に『金剛頂経』等の最上乗密蔵の経典を書写せしめ、また鋳《いもの》博士趙呉《ちょうご》に十五事の法具を造らせて、それらを空海に付嘱したのであった。

恵果は、空海に真言の大法をすべて授け終るや、遺言して、この年十二月十五日に示寂《じじゃく》した。

遺言（『請来目録』所収）の一節に「早く郷国に帰ってもって国家に奉り、天下に流布《るふ》して蒼生《そうせい》の福を増せ。しかればすなわち四海泰《やす》く、万人楽しまん。これすなわち仏恩に報じ、師恩に報ず。国のためには忠なり、家においては孝なり。義明供奉《ぎみょうぐぶ》は此処にして伝えん。

汝はそれ行きてこれを東国に伝えよ。努力《つとめよ》や、努力や」とある。

般若《はんにゃ》三蔵もまた、空海に遺言している。

(前略)今、桴《いかだ》に乗らんと欲するに、東海に縁なくして志願遂げず。我が所訳の新華厳・六波羅蜜経およびこの梵夾《ぼんきょう》(=サンスクリット原典)将《もち》去って供養せよ。伏して願わくは縁をかの国に結んで元元《げんげん》(=人びと)を抜済せん。

恵果、般若三蔵、それぞれ国は異なるけれども、空海に期待するところは同じであった。空海が恵果の門下を代表して、碑文を撰し、かつその筆を執ったことはあまりにもよく知られている事実である。

異国の一青年僧がインド伝来の密教の正統を継承したということは、それだけでも驚異であるが、付法第七祖の恩師の墓碑銘を書いたことは長安の人びとをどのように印象づけたであろうか。

『性霊集』巻第二に収める「大唐神都青竜寺故《もとの》三朝の国師灌頂の阿闍梨恵果和尚の碑 日本国学法の弟子苾芻《びっしゅ》空海文を撰《えら》ぶ 書を并《あわ》せたり」に恵果の伝記がのべられている。そのなかで、恵果が入滅した夜、空海に示した言葉がある。

汝未《なんじいま》だ知らずや、吾《われ》と汝と宿契《しゅくけい》の深きことを。多生《たしょう》の中に相共《あいとも》に誓願して密蔵《みつぞう》を弘演《ぐえん》す。彼此《かしこここ》に代《かわるがわる》師《し》資《し》たるや、ただ一両度《いちりょうど》のみにもあらず。この故に、汝が遠《えん》渉《しょう》を勧めて我が深法《じんぽう》を授《さず》く。受法《じゅほう》ここにおわりぬ。吾が願《ねがい》も足りぬ。汝、西土《さいど》（＝唐）にして我が足を接す。吾、東生《とうせい》して汝が室に入らん。久しく遅留《ちりゅう》することなかれ、吾前《さき》に在《あ》って去《い》なん。

空海は入唐して恵果に師事したが、将来は恵果が日本に生まれて、空海の弟子になるであろうといったということは、いわゆる現当二世の契りを結んだことを意味する。

面授は、もとより話し言葉が自由に出来なければならない。また空海は恵果から聞いた言葉を克明に書きとどめている。それこれを考えあわせると、恵果との出遇いには、不可思議な歴史の差配のようなものを感じないわけにはいかない。

# 空海とその周辺

空海の双璧の主著である『秘密曼荼羅十住心論《ひみつまんだらじゅうじゅうしんろん》』『秘蔵宝鑰《ひぞうほうやく》』をはじめとして、『即身《そくしん》成仏義《じょうぶつぎ》』『声字《しょうじ》実相義』『吽字《うんじ》義』の三部作、あるいは『般若心経秘鍵《ひけん》』その他の密教の教義について説いた著作のすべてには難解な密教を序詩あるいは結詩によって示し、あるいは一書の中の分段ごとに、その要略を詩でたくみにまとめている。

さらに、「沙門勝道山水を歴《へ》て玄珠を瑩《みが》くの碑」「大和の州益田《くにますだ》の池の碑の銘」「大唐神都青竜寺《しょうりゅうじ》故《もと》の三朝の国師灌頂《かんじょう》の阿闍梨《あじゃり》恵果《けいか》和尚の碑」などの碑銘にも必ず末尾に詩が添えてある。

天性の詩人でもあった空海は、作詩を得意としたからでもあろうが、とりわけ、こうした教義詩ともいうべきものは、同時代を生きた最澄はもちろん、日本仏教史上において他にほとんど類例を認めがたいといってよいであろう。

空海をめぐる人びとは、ざっと数えても百数十名の多きにのぼる。その中には、詩友として親交を重ねた人びとがいる。そこで、漢詩の贈答を通じて、従来、あまり注目されていない空海の周辺を探ってみることにしよう。

空海の著作における最初の詩は、いうまでもなく二十四歳のときに書いた思想劇『三教指帰』三巻の中の下巻における一詩と巻末にある「十韻の詩」とである。

この著作は、儒・道・仏の三教を批判したものであって、上巻は亀毛《きもう》先生が儒教を、中巻では虚亡隠士《きょぶいんし》が道教を、下巻では仮名乞児《かめいこつじ》が仏教を説く。儒教より道教、道教より仏教、なかんずく大乗仏教が勝れているゆえを明らかにしているが、世にこれらの教えがあるのは、人びとの素質や欲求に相違があるがごとくであって、いずれも聖人の教えとして帰一するところは一つである、とのべている。

亀毛先生は空海が少年のころ師事した外舅《おじ》の阿刀大足《あとのおおたり》かも知れない。虚亡隠士もおそらく空海が『抱朴子《ほうぼくし》』などを学んだ道士をモデルに仕立てたのであろう。仮名乞児はみすぼらしい一介の山岳修行者であるが、これは明らかに空海の自画像である。

さて、仮名が説く「十韻の詩」は、次のとおりである。

居諸冥夜《きょしょめいや》を破る　三教痴心《さんごうちしん》を褰《かか》ぐ
性欲《しょうよく》に多種《たしょう》あれば　医王《いおう》薬鍼《やくしん》を異《こと》にす

綱常《こうしょう》は孔に因《よ》って述ぶ　受け習って槐林《かいりん》に入る
変転は聃公《たんこう》が授け　依り伝えて道観《どうかん》に臨む
金仙一乗《きんせんいちじょう》の法　義益《ぎやく》最も幽深《ゆうしん》なり
自他利済を兼ぬ　誰か獣《じゅう》と禽《きん》とを忘れん
春の花は枝の下《もと》に落ち　秋の露は葉の前に沈む
逝水《せいすい》住まること能《よ》くせず　廻風《かいふう》幾《いく》ばくか音《こえ》を吐《は》く
六塵《ろくじん》はよく溺《おぼ》るるの海《うみ》　四徳は帰するところの岑《みね》なり
すでに三界《さんがい》の縛《ばく》を知りぬ　何ぞ纓簪《えいしん》を去《す》てざらん

この趣意をみると、日月が暗い夜を破るように、儒・道・仏の三教は無知の心を向上せしめる。人びとの素質・欲求はさまざまであるから、それに応じて教えも多くある。孔子は人倫の道を説いた。老子は天地自然の生成について教えた。これは道教の楼観に伝えている。大乗仏教は教義の益するところが最も奥深い。自己と他者とを利益救済し、他の動物にまで及ぶ。春の花は散り、秋の露は葉より落ちる。流れゆく水は止まることなく、つむじ風はいくたびか音をたてて去ってゆく。衆生の心を汚すあらゆるものは溺れる海のごとく、如来の常・楽・我・浄の四徳はすべての者の帰すべき峰（＝究極）である。すでに、この世の中の束縛が何であるかと知ったからには、どうして俗世間を棄てないことがあろうか、と。

しかし、空海は後年、『文鏡秘府論《ぶんきょうひふろん》』の序で、かつて漢学を学んだ阿刀大足を追想し、「貧道《ひんどう》（空海の自称）幼にして表舅《ひょうきゅう》（阿刀大足）に就《つ》きて、頗《すこぶ》る藻麗《そうれい》（文章）を学び、長じて西秦（唐）に入りて、粗《ほぼ》余論を聴く」とのべているように、無比の名師と仰いだのである。

空海と阿刀大足との対話は、右の「十韻の詩」に終始しているといえよう。

延暦二十三年（八〇四）、三十一歳にして入唐。在唐中の空海は長安青竜寺《しょうりゅうじ》の恵果《けいか》に師事したが、同門の弟子の一人に惟上《ゆいじょう》がいた。あるとき、空海は惟上に「離合詩《りごうし》」*を贈った。

*済暹《さいせん》（一〇二五―一一一五）の『緘石鈔《かんしゃくしょう》』に記載されている。参考までにあげると、次のようである。

在唐日示ニ剣南惟上一離合詩

磴危人難レ行　石嶮獣無レ昇

燭暗迷ニ前後一　蜀人不レ得レ過

離合詩とは、詩の一句一句において一字の偏（格）と旁（つくり）字とを切り離し、しかも切り離したものを組み合わせて一字を形成するもの。後漢の孔融《こうゆう》の『漁夫屈節の篇』に始まるといわれ、六朝時代に流行した。

これをみた泉州の馬総（＝摠）の送詩が空海の漢詩文集『遍照発揮性霊集』の序文にみえる。この序文は空海在世中に、弟子真済《しんぜい》が書いたものである。

和尚（空海のこと）昔、在唐の日、離合の詩を作って土僧惟上に贈る。前《さき》の御史大《ぎょしたい》夫《ふ》、泉州の別駕、馬総は一時の大才なり。覧《み》て驚き怪しんで、よって詩を送って云《いわ》く、

何ぞ乃《なんじ》万里より来れる　その才を衒《てら》うにあらざるべけんや
学を増して玄機を助けよ　土人子《なんじ》が如きなるもの稀なり

この一詩は済暹によると、片《へん》離合である。

あなたはどうして万里の波濤をのり越えてわが国へ来ましたか。まさか、その才をひけらかすためではありますまい。ますます学を積んで、奥深い心のはたらきに資して下さい。わが国の人士でも、あなたのようにすぐれた者は、めったにいるものではありません。

ざっと、このような意味であるが、「その才を衒うにあらざるべけんや」というのをみると、馬総が空海の来唐を冷かし半分に言ったものであるところに、この詩の含意がうかがわれよう。

空海は延暦二十四年（八〇五）六月初め頃から恵果に就いたから、惟上に離合詩を贈ったのは、もちろん、それ以後のことであろう。惟上はこれを馬総にみせたらしい。

馬総は一代の大学者で韓愈《かんゆ》（韓退之）と詩酒を交わしたなかであった。『旧唐書《くとうじょ》』および『唐書』に伝記がある。空海と馬総とはおそらく面識がなかったと思われるが、詩がとりもつ交流の一場面として記憶にとどめておいてよいであろう。

空海在唐中の贈詩は今日一つも伝えられていない。だが、大同元年（八〇六）八月頃帰国に際して、青竜寺恵果の同門の弟子義真ら、その他朱千乗《しゅせんじょう》など多くの文人墨客が送別の詩を空海に贈っている。帰朝後、弘仁三年（八一二）七月二十九日付で嵯峨帝に雑文を献上したとき、朱千乗の詩集一巻がふくまれているので、在唐中に親交を重ねた一人であったと思われる。朱千乗の贈詩は、「日本国三蔵空海上人、我が唐に朝宗し、兼ねて方物を貢《みつぎ》して海東に帰るを送る詩の叙」と題し、「滄溟《そうめい》、垠極《ぎんぎょく》なくして、究むべからず。海外の緇侶《しりょ》、我が唐に朝宗す。即《すなわ》ち日本の三蔵空海上人なり。梵書を能《よ》くし、八体を工《たくみ》にし、倶《く》舎《しゃ》を繕《よ》くし、三乗《さんじょう》に精《つまびら》かなり云々」と、空海を讃えている。大同元年（八〇六）姑洗《こせん》の月（三月）とあるから、空海が長安を去って越州におもむくに際して、長安において、朱千乗はこの詩を贈ったとみてよいであろう。

弘仁七年（八一六）六月十九日に、紀州高野山の地を賜りたい旨を記した上表文を空海は嵯峨帝に差し出した。この年の正月十日に小《お》野篁《ののたかむら》の父、小野岑守《みねもり》は陸奥守に任ぜられた。空海は、「野《や》陸州《りくしゅう》に贈る歌　序を幷《あわ》せたり」を送別のしるしに贈っている。野は小野朝臣岑守のこと、陸州は陸奥国で、その地方を治める長官として赴任することを意味する。序の中に、「貧道と君と遠く相知れり。山河雲水何ぞよく阻（へだ）てん」とあるように、空海と岑守とはかねてより昵懇（じっこん）のなかであったことが知られる。たとえば、「帰休し独臥して高雄寺空海上人に寄す 一首 野岑守」と題する五言四十四句の詩が『経国集』（けいこくしゅう）巻十に収載されている。空海が高雄山寺に在住していたのは、大同四年（八〇九）より数年間のことである。

この詩の中で、岑守は空海を「真諦（しんたい）、俗物を憐み（あわれみ）、緇衣（しえ）、素履（そり）に交る」といい、「大隠は朝市に隠る」とも讃えている。在俗の人びととの交際が繁かった高雄山時代の空海の一側面を窺わせるものといえよう。

なお、この他、岑守の詩は『経国集』に八首（全二十巻中、六巻が現存するだけだから、実際の収録数はさらに多かったと思われる。編者を代表する良岑安世（よしみねのやすよ）は桓武帝の皇子で、漢詩文を通じて空海と特に親交を深めた人物だったからである）、『文華秀麗集』（ぶんかしゅうれいしゅう）に八首、『凌雲集』（りょううんしゅう）に十三首を収める。なお、「辺（ほとり）に在って友に贈る」（岩波版『日本古典文学大系』69「文華秀麗集」二二三頁）の一詩は、さきに空海が惟上に贈り、馬総がそれをみたものと同じ離合詩である。

『行状要集』（ぎょうようけい）『行化記』などに、次の太政官符を記載する。訓み（よみ）下し文で示す。

太政官符　和泉の国司

僧空海

右、右大臣の宣を被《こうむ》るに偁く。件《くだん》の僧を請じて京都に住せしめよ、てへり。国、宜《よろ》しく承知すべし、宣に依って京に入れしめよ。符、到らば奉行せよ。

大同四年己丑七月十六日春宮亮《とうぐうのすけ》従五位下兼守右少弁小野朝臣峯守

従七位下守右少史勲七等佐忌守豊長

『公卿補任《くぎょうぶにん》』の弘仁十三年（八二二）の条に岑守の略伝がみえる。それによると、この年四月、「従五位下。任右少弁。兼春宮亮」とあるので、右の太政官符の位階等に符合する。官符は和泉国（伝説では槙尾山寺に空海は在住していたとされる）の国司に対して、空海の入京を許可する旨を伝えたものである。私見によれば、当時、空海は槙尾山寺《まきのおさんじ》に入住していて、入京の機会をうかがっていたと思われる。近年、槙尾山寺（施福寺）で『請来目録』に添えた上表文の草稿が発見されたことは、この推察を裏づけるのではなかろうか。

『延暦寺護国縁起』によると、この年二月三日に、空海は最澄に刺《し》を投じているが、事実とすれば、それはおそらく和泉国から送ったもののようである。

いずれにせよ、空海が「貧道と君と遠く相知れり」といっているのは、少なくとも大同四年七月ころまで遡るとみることができる。そして、岑守が文武《ぶんぶ》兼備《けんび》の人物であり、詩人でもあったので、空海はその縁をたいせつにし、かれを愛顧したのであろう。

空海の「野陸州に贈る歌」は、「日本の麗城三百州《れいせいさんばくのしゅう》、このなかに陸奥《りくおう》最も柔《やわら》げがたし」で始まる長文であって、最後に次のような郷愁を誘う、空海にしては珍しく感傷的な思いをそそいでいる。

京邑《けいゆう》の梅花《ばいか》は春に先だって開く　京城《けいじょう》の楊柳《ようりゅう》は春の日に茂《も》し
辺城《へんじょう》遅く暖かにして春の蘂《はなぶさ》なく　辺塁《へんるい》早く冬《さむ》くして茂実《もじつ》なし
高天《こうてん》高しと雖《いえど》も聴くこと必ず卑《ひく》し　いわんや鶴の響《こえ》九皐《こう》より出づるをや
愁《うれ》うることなかれ久しく風塵の裏《うち》に住《とど》まることを　聖主《せいしゅ》は必ず万戸《ばんこ》の秩《ちつ》を封《ふう》ぜん

弘仁九年（八一八）三月十九日付の「新羅《しらぎ》の道者に与うるの詩」がある。道者の実名は不詳。以前から空海は親交があったもののようである。

筑前の王太守すなわち栄井王《さかいのきみ》から新羅の上人たちが来朝したと聞いた。わたしは、今、禅定を修するため閉じこもっているので、お出迎えできない。だが、心ではお迎えしたい気持でいっぱいなので、一篇の詩を作って、あなたへの思いを表わしたい。また、一そろえの法衣をつくらせた。これは後からの使者に持たせて差しあげる。京にお入りの節は、お待ち申しあげよう、という旨の詞書《ことばがき》がある。

青丘《せいきゅう》の上人等の法前　新羅の上人等の入朝に奉送す

青丘の道者機を忘るるの人　法を護り縁に随って物を利する賓なり
海の際より盃《はい》を浮べて日域《にちいき》に過《よぎ》る　嚢《ふくろ》を持し錫《せき》を飛ばして梁津《りょうしん》を愛す
風光月色《げっしょく》辺寺を照らす　鶯囀《さえず》り楊花《やなぎはなさ》いて暮春《ぼしゅん》に発す
何《いず》れの日何れの時にか魏闕《ぎけつ》に朝《ちょう》せん　言《こと》を忘れ蓋《がい》を傾けて煙塵《えんじん》を褰《かか》げん

空海が青丘上人に贈った別の一詩が『経国集《けいこくしゅう》』第十にみえる。次のものが、それである。

南山中に新羅道者の過《よぎ》るを見る　一首　釈空海

吾《わ》れこの山に住して春を記《し》らず　空しく雲日を観《み》て人を見ず
新羅《しらぎ》の道者幽《かす》かに意を尋ね　錫《せき》を持して飛来すること恰《あたか》も神に似たり

空海が筑前の栄井王に宛てた書翰は弘仁十年（八一九）五月十七日と同八月十日付との二通を『高野雑筆集』に収める。後者は栄井王の妻の逝去を悼んだものである。思うに、空海が帰朝以来、大同四年（八〇九）に九州の地を去るまで、援助を受け、あるいは恩顧を蒙った人物が栄井王だったのではなかろうか。

年度不明であるが、弘仁七年（八一六）七月高野山開創以後、山中に籠る空海が良岑安《よしみねのやす》世《よ》と詩文を通じて親密な交友をつづけたことが『性霊集』に収める諸篇によってうかがわれる。

安世は桓武帝の皇子で、藤原冬嗣《ふゆつぐ》は同母弟である。弘仁十年（八一九）、勅命により冬嗣、緒嗣らとともに『日本後紀』を監修し、さらに天長四年（八二七）には滋野貞主《しげののさだぬし》らとともに『経国集』二十巻を撰進した。この勅撰漢詩文集は文武帝（七〇七）より淳和帝（八二七）までの期間にわたる漢詩文の集成で、わが国における最初の漢詩文総集である。

平安初期を代表する漢詩人の一人である安世の漢詩は、『文華秀麗集』に四首、『凌雲集』に二首、『経国集』に七首を収める。

天長七年（八三〇）七月六日没。四十六歳。この年、空海は淳和帝に『秘密曼荼羅十住心論』十巻、『秘蔵宝鑰』三巻を撰進している。

空海の漢詩文集『遍照発揮性霊集』十巻（略称、『性霊集』）は、弟子の真済《しんぜい》がおそらく天長九年（八三二）以後、空海の高野山における入定までの間に編集したと思われる。この中に少なくとも四篇の良岑安世に宛てた空海の漢詩文が収められている。

『経国集』は現在六巻が残存するだけなので、その全貌をうかがうことができないけれども、真済は意識的に、『経国集』の撰以外の空海の漢詩を『性霊集』に収録したもののごとくである。

（1）良相公に贈る詩　五言と雑言

「良相公、我に桃李を投ず。余《われ》、報ずるに五言の詩一章、三篇の雑体の歌をもってす」という詞書があって、まず五言の詩をあげる。これらは安世が空海に書翰を送ったのに対する返礼である。

孤雲は定《さだ》まれる処なし　本《もと》より高峯を愛す
人里《じんり》の日を知らず　月を観《み》て青松に臥《が》せり
忽然《こつぜん》として開けば玉のごとく振う　寧《むし》ろ顔容《がんよう》に対《むか》えるに異ならんや
宿霧《しゅくむ》は吟ずるに随って斂《おさ》まり　蘭情《らんせい》は詠《えい》ずるに逐《したが》って濃《こまや》かなり
伝燈《でんとう》は君が雅致《がち》なり　余《われ》誓うらく愚庸《ぐよう》を済《すく》うと
機水塵濁《じんじょく》多ければ　金波《きんぱ》従い易《やす》からず
飛雷猶未《なおいま》だ動かず　蟄蚑《ちっき》封《ほう》を開くにあらず
巻舒一己《けんじょいっき》にあらず　行蔵《こうぞう》六龍に任《まか》せたり

「孤雲は定まれる処なし云々」という初めの四句は、高野山において禅関に籠っている空海の心境を託したものである。都において権門栄華を誇る官人の生活をおくっている安世と山岳修行者の空海とのあざやかな対比は、詩文を追ってますます明らかになってくる。

三篇の雑体の歌は、現行の『性霊集』では節を分けているが、以下にみるところの（2）山に入る興《きょう》、（3）山中に何の楽《たの》しびかある、（4）徒《いたずら》に玉を懐《いだ》く、である。

## （2）山に入る興

高野山において禅定修行に寧日なき空海に対して安世が設問し、空海がこれに答える形をとった雑言である。安世の空海宛の書翰に設問の趣旨がのべられてあったのであろう。

問う。師、何の意《こころ》あってか深寒《しんかん》に入る。深嶽崎嶇《しんがくきく》としてはなはだ安からず。上《のぼ》るにも苦しび、下《くだ》る時にも難《なや》む。山神木魅《さんじんきみ》、これを廛《いえ》とす。

　君見ずや　君見ずや
京城の御苑《ぎょえん》の桃李《とうり》の紅《くれない》なるを　灼灼芬芬《しゃくしゃくふんぷん》として顔色《がんしょく》同じ
一《ひと》たびは雨に開け一たびは風に散《さん》ず　上《かみ》に飄《ひょう》し下《しも》に飄して園《その》の中に落つ
春の女群がり来って一の手に折る　春の鶯翔《かけ》り集《つど》って啄《ついば》んで空に飛ぶ
　君見ずや　君見ずや
王城の城の裏《うち》の神泉の水を　一たびは沸《わ》き一たびは流れて速《すみや》かなること相似たり
前には沸き後《しりえ》には流れて幾許《いくばかり》の千ぞ　流れゆき流れゆいて深淵に入《い》る
深淵に入って転転として去りぬ　何《いずれ》の日何の時にか更に竭《つ》きん
　君見ずや　君見ずや
九州八嶋《はっとう》無量の人を　古《いにしえ》より今来《このかた》無常の身《み》なり
尭《ぎょう》・舜《しゅん》・禹《う》・湯《とう》・桀《けつ》・紂《ちゅう》と　八元《はちげん》・十乱《じゅうらん》・五臣・西・嬙嫫母《しょうぼぼ》・支離《しり》の体《てい》と
誰かよく万年の春を保ち得たる　貴《たっと》き人も賤《いや》しき人もすべて死し去る

死し去り死し去っては灰塵《かいじん》となる　歌堂舞閣《かどうぶかく》は野狐《やこ》の里《さと》
夢の如く泡の如し電影の賓《ひん》
君知るやいなや君知るやいなや　人此《かく》の如し、汝《なんじ》何ぞ長からん
朝夕に思い思うて、腸《はらわた》を断つに堪《た》えたり　汝が日は西山《せいざん》に半ば死したる士なり
汝が年は過半《かはん》に尸《しかばね》の起てるがごとし　住《とど》まらんや住まらんや一《いっ》も益なし
行《さ》けく行けく止《とど》まるべからず　去来去来《いざやいざや》、大空《だいくう》の師
住《とど》まるなかれ住まるなかれ乳海の子《し》
南山の松石は看《み》れども厭《あ》かず　南嶽の清流は憐むことやまず
浮華《ふか》名利《みょうり》の毒に慢《おご》ることなかれ　三界火宅《さんがいかたく》の裏《うち》に焼くることなかれ
斗藪《とそう》して早く法身《ほっしん》の里に入れ

空海の深い無常観は、すでに『三教指帰』の中の「無常の賦」に認められる。が、右の「山に入る興」もまたしかりである。京城の御苑の桃李、王城の神泉苑の水にみられる自然界の時々刻々の無常のすがた。そして人事万般の深刻な無常のありさま。結句において、「浮華名利の毒に慢《おご》ることなかれ　三界火宅の裏《うち》に焼くることなかれ」と、安世を誡めて、仏道を求めることを勧誘している。

巷間、空海を目して政略に長け、王侯貴顕の間を遊泳したという、いわゆる空海俗物説、

あるいは空海密教を貴族仏教にすぎぬという偏見がまだまったく消えたとはいえないようである。

だが、安世宛の書翰、詩文を読むとき、空海は権門勢家を嫌悪し、徹底した無常観にもとづいて世俗を否定していることが知られる。

次の雑体の歌もまた、安世の設問に対する答詩の形をとる。

（3）山中に何の楽《たの》しびかある

山中に何の楽しびあってか、ついに永く帰ることを忘れたる。一《ひとつ》の秘典、百《もも》の納衣《のうえ》、雨に湿《うるお》い雲に霑《うるお》いて塵とともに飛ぶ。徒《いたずら》に飢え徒に死して何の益かある。何《いず》れの師か此の事をもって非なりとする。

君見ずや　君聴かずや
摩竭《まか》の鷲峯《じゅぶ》は釈迦の居《きょ》　支那の台嶽《たいがく》は曼殊《まんじゅ》の廬《ろ》なり
我をば息悪修善《そくあくしゅぜん》の人と名づく　法界《ほっかい》を家として恩を報ずる賓《ひん》なり
天子は頭《こうべ》を剃って仏駄《ぶつだ》に献じ　耶嬢《やじょう》は愛を割《さ》いて能仁《のうにん》に奉る
家もなく国もなく郷属を離れたり　子《し》にあらず臣《しん》にあらず孑《けつ》として貧に安んず
澗水《かんすい》一杯朝《あした》に命《めい》を支え　山霞《さんか》一咽夕《いんゆうべ》に神《しん》を谷《やしな》う
懸蘿《けんら》細草《さいそう》体を覆うに堪えたり　荊葉杉皮《けいようさんぴ》これ我が茵《しとね》なり

意《なさけ》ある天公紺《てんこうこん》の羃《まく》を垂れたり　龍王篤信にして白き帳《とばり》を陳《つら》ねたり
山鳥時々来たって歌一《ひと》たび奏《そう》す　山猿《さんえん》軽く跳《おど》って、伎《わざ》、倫《ともがら》に絶えたり
春の花秋の菊咲《わら》って我に向えり　暁の月朝《あした》の風情塵《せいじん》を洗う
一身の三密《さんみつ》は塵滴《じんてき》に過ぎたり　十方法界《ほっかい》の身《しん》に奉《ぶ》献《こん》す
一片の香煙経一口《こうえんきょういっく》　菩提《ぼだい》の妙果《みょうか》、因とす
時華《しか》一掬《ひとにぎ》り讃一句　頭面一礼《ずめんいちらい》して丹宸《たんしん》を報ず
八部恭恭《きょうきょう》として法水に潤《うるお》い　四生《ししょう》念念に各《おのおの》真を証せん
恵刀揮斫《えとうきしゃく》して牛を全うすることなし　智火纔《わず》かに放って灰に留まらず
不滅不生《ふしょう》にして三劫《さんこう》を越えたり　四魔百非《ひゃくひ》憂えるに足らず
大虚寥廓《たいこりょうかく》として円光遍《あまね》し　寂寞無為《じゃくまくむい》にして楽《たの》しぶやいなや

高野山中における質素簡略な修行生活が何を意味しているかが、この詩にはよく表明されており、空海の高い精神性を垣間見ることができよう。

しかしながら、一人深山にあって即身成仏の修行をすることを、世人は必ずしも正しく理解しないむきもあったようである。次の一詩はそうした世間の誤解に答える形をとったものと思われる。例によって安世の設問から始まる雑言である。

(4) 徒《いたずら》に玉を懐く

問う。師、玉を懐いて開き肯《がえん》ぜず。独り深山に往《ゆ》いて人の咍《あざけり》を取れり。

君聴《き》かずや　君聴かずや
調御《じょうご》の髻珠霊台《けいしゅれいだい》に秘《ひ》す　宣尼《せんじ》の良玉沽《りょうぎょくう》らめやと称す
方円の人法《にんぽう》は黙《もだ》せんにはしかず　説聴《せってい》瑠璃《るり》のごとくならば情《こころ》幾ばくか擡《もた》げん
古人は道を学んで利を謀《はか》らず　今の人は書を読むもただ名と財《たから》となり
輪王の妙薬は鄙《いや》しうすれば毒となる　法帝の醍醐《だいご》も謗《ぼう》すれば災《さい》をなす
夏の月の涼風　冬の天《そら》の淵風《えんぷう》
一種の気なれども　瞋喜《しんき》同じからず
蘭肴《らんこう》美膳味変ずることなくとも　病《やまい》の口飢えたる舌は甜苦《かんく》別《こと》なり
西施《せいし》が美《よ》き咲《えみ》は人愛して死すれども　魚鳥は驚き絶えてすべて悦《よろこ》ばず
同じきと同じからざると時と時ならざると　昇沈讃毀黙語《しょうちんさんきぼくぎょ》、君これを知れ
これを知れ。これを知るは知音《ちいん》と名づく　知音と知音とは蘭契《らんけい》深し

以上、三篇の雑体の歌のほか、次の七言絶句もまた空海が安世の書翰に対して返礼したものである。趣旨は同一である。南峯は高野山のこと。

（5）蘿皮函《らひかん》の詞《ことば》

南峯《なんぽう》に独り立つ幾千年ぞ　松柏《しようはく》を隣《となり》とす銀漢《ぎんかん》の前
日を戴《いただ》ける蘿衣《らえ》は物外《ぶつがい》に久し　函書《かんしよ》にして今相公《しようこう》の辺《ほとり》に向う

「伴按察平章事《はんあんざつへいしようじ》が陸府《りくふ》に赴《おもぶ》くに贈る詩」は、天長五年（八二八）某月某日付で、空海五十五歳のときの作である。

伴は姓、按察は按察使の略で、国司の治績・諸国の民情を巡察する官で、のちには陸奥守などの兼職するところとなる。

『東宝記』によると、天長二年（八二五）四月二十日の「東寺講堂図帳」に、東西寺撿《けん》校《ぎよう》　参議右大弁伴宿禰国道《とものすくねくにみち》とある。東寺の塔建立の着工は翌年十一月からであった。このように国道が東寺造営に当って空海の最有力の協力者であったことに注意したい。平章事は執政参議の唐名。また空海は天長二年九月二十五日の「大和《やまと》の州益田《くにますだ》の池《いけ》の碑の銘」で、「伴平章事国道を簡《えら》んで代って国の事を撿せしむ」「伴相、計を施し」といって伴国道《とものくにみち》の功績を讃えている。

右の贈詩の中に「貧道と君と淡交にして玄度《げんと》遠公《おんこう》なり。緇素《しそ》区々に別れたりとも伴左《はんさ》昆《こん》季《き》なり」とある。わたしとあなたとは君子の交わりをして来て、風流の友であり、かつまた道を求める友でもある。それぞれに出家と在家との違いはあるけれども、大伴《おおとも》と佐伯《さえき》とは兄弟の間柄であるという意味。

佐伯は讃岐国多度郡の出身である空海の俗姓である。当時、大伴（伴はのちに大伴姓を賜わる）と佐伯とは兄弟のなかにあると信じられていたようだ。『新撰姓氏録』によると、雄略帝のとき、大伴氏から佐伯氏が分かれた。*

＊大伴氏の遠祖、天忍日命《あめのおしひのみこと》は天の磐戸《いわと》を開いたとき、天孫の前に降り下れる者、また、その祖、道臣命《みちのおみのみこと》は神武東征のときに従った武将だと伝えられる。

この佐伯氏出身者に佐伯今毛人《いまえみし》がいる。今毛人の佐伯氏と讃岐在住の佐伯氏とは、今日では別系統だとみられている。が、当時、空海は同族の一人として国道に対して特別に親愛の情を抱いていたようである。

次の送別の一詩が、それを物語っている。

君が門開闢《かいびゃく》より皇王の将たり　智勇英謀あって聖神《せいしん》に允《かな》えり
節《せつ》を持《じ》し霜を犯すこと松柏《しょうはく》のごとし　貞《てい》を含んで雪を凌《しの》ぐこと竹筠《ちくいん》に似たり
良将《りょうしょう》 折衝《せっしょう》する何ぞ塞《そこ》を出づる　賢才妙略《けんさいみょうりゃく》ありて幄《あく》の中に陳《ちん》ず
毛夷《もうい》の螘《あり》の陣は一把《いっぱ》の草　羽狄《うてき》の豺《おおかみ》の営は半掬《はんぎく》の塵《ちり》
飛禽《ひきん》また恩と義とを識《し》りぬ　猛虎なお恵と仁とを知る
治乱吾《ちらんわれ》にありて敵《あだ》にあらず　帰心叛意《きしんはんい》は己《おの》が身のためたり
天の簡《えら》び君にあり須《すべか》らく譲るべからず　家を忘れ国の為にするはこれ忠臣なり

鳥の声悲哢《ひろう》して園華落つ　　雲旆《うんぱい》飛び馳《は》せて軍令申《の》ぶ
孫子張良《そんしちょうりょう》彼れ何物ぞ　　六韜《りくとう》三略この春に用いる
東崕万里《とうがいばんり》一歩よりも少《すくな》し　　一吒《いった》早く馳《は》せて荒服馴《な》れたり

このとき、空海は兵書三巻と加持した神薬を贐《はなむけ》にしている。『日本紀略』の天長五年（八二八）二月二十七日の条に「鎮東按察使伴朝臣国道に銭を賜う。御製あり。衣被及び雑物玩物を賜う」とある。国道は同年十一月十二日、任地の陸奥国で亡くなった。六十一歳。

『高野雑筆集』に、国道宛の空海書翰がある。

> 孟春、余《なお》寒し。伏して惟《おもん》みれば動止《どうし》いかん。貧道《ひんどう》、尋常なり。忽《たちま》ちに東蕃《とうばん》に遷任《せんにん》せらると承る。深く驚怪《けいかい》す。未審《いぶかし》、情願なりや。公《きみ》、帷幄《いあく》の才をもって干戈《かんばつ》の地に臨まば、狼人《ろうじん》、なにをかなさんや。必ず危怖《きふ》あるべし、秘法を受持《じゅじ》して身《み》を持《じ》し、国を護らんにはしかじ。貧道、限るに禅関《ぜんかん》をもってし、就《つ》いて披《ひら》くことよくせず。もし受持するに意《こころ》あらば、専候《せんこう》、専候。謹んで全満《ぜんまん》によって奉状す。不宣《ふせん》。

この書翰はおそらく天長五年一月頃のもので、さきの送別の詩に添えたものと思われる。按察使として陸奥に赴く旨を国道が空海に書き送った書翰に対する返書である。

空海と国道との交友をたどるためには、いくつかの官符をみる必要がある。

弘仁十四年（八二三）十月十日、空海は『真言宗所学経律論目録』一巻を撰進した。この日、国道と美努連清庭《みぬのむらじきよにわ》が名を列ねた「定額僧五十口を東寺に置く官符」が発せられている。

他に同じ趣旨の官符で弘仁十四年十二月二日付のものがあるが、このほうは無記名である。

天長元年（八二四）六月六日付の「空海を造東寺別当に補する官符」にも、国道は安道副雄と名を列ねている。また、この年九月二十七日付の「神願寺をもって高雄寺に替えて定額となし並びに得度経業等を定むべき官符」には、国道、掃守首遠継《はきもりのおびとおつぐ》の名がみえる。

天長二年（八二五）四月八日付の「東寺毎年の安居《あんご》に守護経を講ぜしめんが為に僧綱所《そうごうしょ》に下さるる官符」は美努清庭《みぬのきよにわ》の次に参議右大弁兼陸奥出羽按察使従四位上行勘解由《かげゆ》長官勲六等伴宿禰《とものすくね》国道とある。

『公卿補任』によると、国道が陸奥・出羽の按察使に任命されたのは、天長二年一月のことである。しかし、当時まだ実際には赴任していなかったようである。

小野岑守《みねもり》、伴国道の両者が陸奥国に赴任する際に、空海はいたく惜別の情をこめて贐《はなむけ》の詩文を贈っている。紙数の関係でその全文を紹介できないが、それをみると空海が蝦夷の風俗、習慣、生活などに精通していたことは驚くべきものがある。この秘密を解く鍵は、空海の出自が佐伯氏であったことにあるように思われる。これについて拙著の一節を引き、本稿の結びとしたい。

佐伯氏には佐伯連《さえきのむらじ》と佐伯直《さえきのあたい》とがあり、佐伯連は天武以後、宿禰《すくね》の姓を賜り、佐伯直も空海入滅後二十六年にして宿禰姓を賜っているが、古く五、六世紀には佐伯連は中央にあって地方の佐伯部《さえきべ》を統轄していた家柄であった。佐伯部は、今日の学界で明らかにされているように、五、六世紀ころ、大和朝廷の征服によって捕虜となった蝦夷であった。当時、佐伯部は隷民として播磨・讃岐・阿波・安芸などに配置されて、その地方の国造《くにのみやつこ》の支配下にあったのである。そして、それらの佐伯部とよばれる集団的蝦夷を支配していた地方の国造は佐伯直の姓を称していたのである。実に空海はこの讃岐の佐伯直の出身であるわけである（渡辺照宏・宮坂宥勝共著『沙門空海』三九頁。ちくま学芸文庫）。

# 空海の教育理想

## 一　綜藝種智院の開設——わが国最初の庶民学校——

わが国の学校教育史上特筆すべきものの一つは、空海の東寺時代における天長五年（八二八）、東寺の隣接地に綜藝種智院《しゆげいしゆちいん》（現在の種智院大学）が開設されたことである。これはわが国において庶民に開放された最初の学校として記憶さるべきものであり、その後においても、おそらく類例をみないものである。この綜藝種智院の特色とその意義をふりかえってみるにあたって、当時の教育制度を概観しておく必要があるであろう。

平安初期の教育制度はこれよりさきの大宝令に定めるところであって、平安京（京都）には大学、地方には国学があり、いずれも国立の官吏養成の機関である。そして、これらの学校には何ぴとも志望する者は自由に入学できるというものではなく、一定の入学資格が階級的にきまっていたのである。すなわち、大学の場合には五位以上および東西の史部《ふびとべ》の子弟に限って入学を許可し、六位以下八位以上の子弟の場合には特別の志願者のみ許されていた。また地方の国学の場合であると、国司または郡司の子弟にのみ門戸が開放されていたのである。このようにして、これらは一般庶民の子弟のまったくあずかり知らぬところの教育機関であったわけである。このほかに、平安京には特殊の官職につく者のための一種の職業教育があった。陰陽寮《おんみょうりょう》における陰陽道・暦学、典楽寮《てんがくりょう》における医学・薬学、雅楽寮《ががくりょう》における音楽、織部司《おりべのつかさ》における織物技術などはそれであるが、いずれも平安京の官人を養成する機関であることには変わりがない。

さらに、このころになると、貴族階級の間では氏族の子弟の教育のために多くの私立学校が設けられるようになる。有名なものでは、淳和《じゅんな》天皇の皇子恒貞《つねさだ》親王によって建てられた淳和院、和気《わけ》氏一族の弘文院《こうぶんいん》、藤原氏一族の勧学院《かんがくいん》、橘《たちばな》氏一族の学館院、在原《ありはら》氏一族の奨学院《しょうがくいん》、大江・菅原氏一族の文章院《もんじょういん》などがある。これまた一般庶民には関係のない教育機関であった。

このような当時の教育状況のなかにあって、貧しく無知な一般民衆の子弟たちのために教育の機会均等を与えてやりたいという願いを、空海は早くから持っていたようである。いうまでもなく、一切衆生はすべて仏性《ぶっしょう》をもてるものであって人間として平等であること、また貴賤貧富などとは無関係に、人間は人間としてすべて尊貴な存在であること、こうした真言密教の人間観にもとづいた空海の発願であったことはいうまでもないであろう。ところで、空海に深く帰依していた一人の藤原三守《ふじわらのみもり》がこの志あるを知って、京都左京九条にある二町あまりの土地と、自分の五間《いつま》の邸宅とを、この庶民学校設立のために提供したのであった。こうした厚意ある申し出をよろこんで受け、念願かなった空海は、天長五年（八二八）十二月十五日に、自分の理想を実現すべくわが国最初の庶民学校を開設したのであった。これはちょうど東寺の東隣りに位置しているので、おそらく天長九年（八三二）にこの京都の地を去って高野山へゆくまでの三年あまりというもの、空海みずからも他の教師とともに教鞭をとることもあったであろうと思われる。

この学校の教育理想を明示し校則を述べたものに『綜藝種智《しゅげいしゅち》院式《いんしき》』があり、『性霊集補《せいれいしゅうほ》闕抄《けつしょう》』巻十に収められている。これによって以下、綜藝種智院の教育理想とその教育の特色をうかがってみよう。まず、この校名の「綜藝種智」という語であるが、真言密教の根本経典である『大日経』の「具縁品」を典拠とし、あらゆる学問藝術などはことごとく種智、すなわち法身大日如来の絶対智の現われであり、そうした一切の学藝を綜合的に教授するという意味をもっているのである。

空海はまず、この場所が都の中にありながら閑寂な所で、教育環境としては申し分のないことを賞め讃え、かねてより人びとを教育するために儒教・道教・仏教の三教を教える学校をつくりたいと思っていたが、今ようやくこの願いを達することができたと、そのよろこびを表わして、三守に感謝をささげている。次に大唐の長安城には各坊ごとに学舎を置いて児童を教育し、また県ごとに地方学校（郷学）を開いて子供たちを導いているので、才子は都にみち、藝士は国にみちているといって、入唐留学中にこの目でじかに視察してきた大陸の教育制度の実情を伝えている。ところで、今、この平安京にはたった一つの大学があるだけで、一般人の学校は何もない。だから「貧賤の子弟、津《しん》を問うに所なく、遠坊の好事、往還するに疲れ多し。今、この一院を建てて、普《あま》ねく童朦《どうもう》（学童）を済《すく》わんこと、また善《よ》からずや」といって、入学資格を問わず、あらゆる階級の者に門戸を開放したのであった。

　当時は国立私立を問わず、すべての学校は主として儒教教育をしていたのであるが、空海の場合は、儒教・道教・仏教をはじめインドの諸学科に至るまでことごとくの学問を教授したところに特徴を認めることができよう。

　それから、教育には四つの条件を必要とするといわれる。第一には、教育環境がよくなければならないこと、第二には、あらゆる学問を綜合的に教育し、人間教育を眼目とするということ、第三には、多くのすぐれた先生を得る必要があるということ、第四には、学ぶためには教師と生徒との生活を保障するということ（完全給費制）である。

　このうち教師についていえば、仏教の経典を学ぶためには仏者につき、儒道二教などは在俗の学者につかねばならぬといい、教師の心得として、「若《も》し青衿《せいきん》黄口の文書《もんじょ》を志学せば、絳帳《こうちょう》先生、心を慈悲に住し、思いを忠孝に存し、貴賤を論ぜず、貧富を看《み》ず、宜しきに随って提撕《ていせい》し、人を誨《おし》えて倦《う》まざれ、三界は吾が子なりというは大覚《だいかく》（仏陀）の獅吼《しく》、四海は兄弟《けいてい》なりというは将聖《しょうせい》（孔子）の美談なり、仰がずんばあるべからず」とさとしている。また完全給費制について、「それ人は懸瓠《けんこ》（かけひさご）にあらずというは孔丘《こうきゅう》（孔子）の格言なり。みな食によって住すというは釈尊《しゃくそん》の所談なり。しかればすなわちその道を弘めんと欲せば、すべからくその人に飯《いい》すべし。もしは道（出家）、もしは俗（在《ざい》家《け》）、あるいは師、あるいは資、学道に心ある者には、ならびに皆すべからく給すべし」といったのは、空海の実際の経験によるものでもあろうが、学校教育における経済的基礎づけを力説したものとして注目される。

以上、綜藝種智院の教育の特徴を要約するならば、教育の機会均等と綜合教育、完全給費制の三点につきるであろう。このような、今日からみても驚歎すべき教育理想をかかげたことには、二、三のよってきたるゆえんが考えられると思うのである。

第一には、空海自身が国学、大学に学び、早くから教育に対して深い関心と理解をもっていたということであろう。司馬遼太郎の小説、『空海の風景』（中央公論社刊）に次の一節がある。

聖堂というのは、この国府（現在の府中町）の一角にある。その聖堂でまなぶ学生のことを、

「国学生《こくがくしょう》」

といった。国学生は、空海がそうであるように資格は郡司の子弟でなければならなかった。この点でも、貴族主義の色彩の濃い唐制が導入されていることがわかる。ただ定員にゆとりのある場合にかぎって庶民の子弟も入学できるが、数はわずかであった。国学が地方官吏の養成所である以上、空海はここで学ばねばならない。空海自身の自伝的文章ではかれのこの時期については沈黙しているが、かれは当然ここで学んだであろう。

しかし学んだとすれば、かれはすぐ退学したことになる。国学はふつう十三歳から入って修業期限は九カ年であった。ところが空海の場合、かれが都にのぼって大学に入るべく受験勉強をはじめたのは十五歳なのである。この時間関係から仮定がゆるされるとすれば、空海の父兄は空海をして二カ年で国学を退学させ、中央の大学を志向せしめたことになる。

空海は十八歳で京の大学に入学したのであるが、まもなく退学しているようである。当時の官学の欠点は、空海自身が身をもって知ったところのものにちがいない。空海以前あ

るいは空海以後においても、日本の仏教史上で正規の教育を受けて国家の最高学府に学んだ仏者といえば、空海ひとりあるのみである。

第二には、空海は入唐して長安に学び、先進国である唐のすぐれた教育機関を、親しく目のあたりに見てきたということであろう。

これを要するに綜藝種智院の開設は、刻苦勉学した青年時代の空海の教育に対する夢が実現したものである、とみることができるであろう。しかし、開校以来二十年つづいたこの私立学校も、経済上の事情とよき教師が得られないという理由で閉校となり、承和《じょうわ》十二年（八四五）には東寺に施入されたのである。

八、九世紀といえば、唐にはわが国と同様に国立の大学および国学があり、また、インドに目を転じると、当時、北インドには仏教の綜合大学としてナーランダー、ヴィクラマシラー、オーダンタプリーなど、それぞれ学徒数千を擁していたのであり、それらのインド式の僧院大学の制度はそのままチベットにも移入されている。

これらはなるほど、いずれも学校の規模はすこぶる大きなものであって、その点は誇るべきかも知れない。しかし、いずれも特定の人びとにのみ入学が許された特殊なものであった。ところが、綜藝種智院は規模こそ小さくて、いわば空海の私学校のような存在であったかと思われるが、一般民衆の教育機関として、またその高い教育理想とすぐれた機構内容からみるとき、世界の教育史上、まったく類例を見ないものであるといわなければならないであろう。

今日の大学はuniversityとよばれ、文字どおり綜合大学である。この場合の綜合とは、学の綜合的システムをさすのではない。各学部、学科が一通り揃っている大学という意味であるから、いわば諸学の寄せ集めにすぎない。現代の学問は大きく分けると、人文科学と自然科学に分けられるが、それぞれの学問、教育の分野は個別化されており、相互の脈絡、綜合はほとんどないといってよい。このような点が、大きくいえば、教育、学問の分裂症状にもとづく現代文明の危機の様相を深めているゆえんだともみられよう。

空海の教育および学問の意味する人間形成を主軸とする学藝、その綜合的体系の意図するところを、もう一度深く顧みるところがなければならないと思われる。

次に『性霊集《せいれいしゅう》』巻第十に収める『綜藝種智院式并序』の現代語訳文と原文とを掲げることにする。「綜藝種智《しゅげいしゅち》」とは、あらゆる学問藝術を総合的に統一して、完全なる智慧を植えつけることである。

## 二 『綜藝種智院の校則 序を并《あわ》せる』(訳文)

平安京(京都)の左京九条に藤原三守《ふじわらのみもり》の邸宅があります。その土地の広さは二町あまり、屋敷の広さは五間《いつま》であります。その地理的位置を申しますと、東隣りは施薬慈院、西に近く東寺、南の方は野辺の送りをする原野にほど近く、北には衣類食物を収蔵してある国営倉庫が建っています。

屋敷の南北にわき出る泉は、水鏡のように澄んで清らかであります。また東と西とには、あふれるばかりに流れの豊かな小川があります。松や竹の小枝をゆるがす風の音は、さながら琴をかなでるかのように聞こえてまいります。梅や柳の木は春雨にぬれると、あでやかなこと、このうえもありません。春にはウグイスがさえずり、秋にはガンが飛んでゆきます。この屋敷には夏の暑さも感じられず、ここで休めば冷《すず》しくなるばかりです。西には白虎《びゃっこ》の大通り、南には朱雀《すじゃく》の小池があって、占相《うらない》のうえからみても、まことに申し分のない場所であります。

こんな場所をみますと、出家修行者が山林に入らねばならないということは、必ずしも必要としないと思います。ですから、この閑寂《かんじゃく》な屋敷を訪れるため、朝夕に乗物がひきもきらず往き来しています。

わたくし（空海）は、人びとを済《すく》いたいと願い、儒教と道教と仏教の三教、つまりあらゆる教えを兼ねて学ぶことのできるような学校をつくりたいとかねてから考えておりました。このことを藤原三守さんにお話し申しあげたところ、千金に価いするほどの、りっぱなこの邸宅を寄付してくれました。それはまったく金銭勘定を度外視した行為であって、はるかに遠く菩提のたすけにされようとなさったものであります。インドの祇園精舎《ぎおんしょうじゃ》はスダッタ長者がその地に黄金をいっぱい敷きつめ、それだけの大金をもってジェータ王子から土地を買い取って、それを仏教教団に寄進しました。だが、いま、わたくしはそんな苦労をしなくて、ジェータの林にもひとしい良い土地を手に入れることができました。

そこで、わたくしの願いは、たちどころにかなえられましたので、この学校を名づけて綜藝種智院とするような次第であります。

ためしに、この学校の校則をつくりましたから、記してみます。

九流六藝(1)といった中国のあらゆる学藝は、世の人びとのためになること、たとえば人びとを向こう岸へわたす舟や橋と同じようなものであります。また、十蔵(2)や五明《ごみょう》といったインドの学藝は、人びとの利益となる点で、宝石のように尊いものであります。でありますから、まさに目ざめたもの(仏)も永劫《えいごう》にわたって、あらゆる学藝を兼学して偉大なさとりを完成していますし、菩提《さとり》をこころざす者(菩薩)たちが、完全な智慧を実現することができるのも、あらゆる学藝を学び、身につけてこそであります。どんな食物でも味がひとつだけでは、おいしくありません。またどんな音楽でも、たった一音だけではすぐれた音色《ねいろ》を出すことはできません。個人的に一個の人格を完成するにしても、公的に国家を治める場合の方策にしても、あるいは宗教の理想に到達するにしても、この学藝の真理をすてて、どうしてえられましょうか。

このようなわけで、昔から国家の指導者たちは寺院を建てて、これを仰ぎ、道を弘めてきました。ところが、寺院にいる仏者はただ仏陀の説かれた経典をもてあそび、世間の大学の才能人徳すぐれた学者はただむなしく世間一般の書物にのみ熱中しています。ですから、仏者も世間の学者の場合も、ともに儒教・道教・仏教の書物、五明に関する書のような全般的な書物はふさがり、とどこおっていて、はっきり分かっていません。

そこで、わたくしは、この綜藝種智院を設立して、ひろく三教の書物をおさめ、多くの才能すぐれた学者を招きたいと思います。どうか、仏教・道教・儒教の道《おしえ》を明らかにあらわして、昏迷《こんめい》の夜にもひとしいこの世を照らし出し、それぞれの人にあてがって説かれた仏教のいろいろな教えをあげてみな教授し、すべての人がさとりの世界に到達できるように願う次第であります。

ある人がこれを批難して次のようにいいます。

確かに、あなたのお考えはりっぱなものですが、先覚さえも、これをなしがたく、ついにまだ、このような計画が実現されたということを聞き及んでおりません。なぜかと申しますと、たとえば大臣の吉備真備《きびのまきび》が儒教、仏教を兼ね教えたこと、石上宅嗣《いそのかみのやかつぐ》の芸亭《うんてい》などの私立校が開創されたことをみても、それらはあとがうやむやになってしまい、人は去り、その滅んだ跡はけがされてしまったからであります。

では、お答えします。すべてものごとが盛んになるか、おとろえるかは、その人を得るかどうかにかかっています。さらにすぐれた人が世に出るかどうかということは、ひとえに必ず道を実践するか、どうかによります。また、たとえば大海は多くの河川が流れあつまってこそ、深みを増し、スメール山はわずかな積みかさなりをかさねてこそ悠然とそびえ立つことができます。大きな建物になればなるほど、無数の材木が支えあってはじめて建つのであり、一国の首位者が存立するのも同じこと、多くの支持者を必要といたします。まったくこのとおりですから、多くの志を同じくする、しかもりっぱな者があつまって事業をやれば存続するが、同志がなければ衰えやすいわけであります。このことは自然の理の当然とするところなのであります。

いま、わたくしの願うところは天皇のご許可を得たまいて、天皇の補佐者が力をあわせ、その他のすぐれた人びと、諸宗の高僧名徳がみな、わたくしと志を同じくしてくださるならば、この学校はいつまでもつづいてゆくでありましょう。

そこで、批難した者は、ほんとうにその通りであります、と申しました。

また、ある人は批難します。

国家がひろく学校を開設して、学問をすすめはげましています。だから、こうした国家の大きな事業としておこなわれている学校経営に対して、ささやかな私立の学校を経営してみたところで、何の得るところもないと思います。

お答えいたします。

かの唐の長安城《ちょうあん》には都内のあちこちに学童を教育するための学校を建てて、ひろく児童たちを教えております。またそれぞれ地方には地区の学校を開いて、ひろく学童を指導しています。だから、唐の国では才能ある立派な人びとが都内にみちあふれており、学藝の人は国中にいっぱいおります。ところが、わが国の平安京には貧しい児童が勉強しようとしても、どこをたずねたらよいか分かりません。また好学の人でも、都を遠くはなれた土地にいますと、都の学校に往復するのはなかなか骨の折れることであります。

わたくしは、いまこの綜藝種智院を建てて、あまねく児童たちをたすけてやりたいと思う次第ですが、これもまた決して悪いことではないと思います。いかがなものでしょうか。

ところで、これを批難する者は申します。

もしも、よくはたしてそのとおりだといたしますと、まことに結構なことです。それは太陽や月とともに、光をあらそうばかりに輝かしい事業であり、天地とともに久しくつづくことでありましょう。これこそ、国家のためになるすぐれたプランであり、人びとの利益となるりっぱな仕事であることは、宝石にひとしいものであります。

さて、わたくし（空海）はごく至らない者ですが、いったん計画した以上は、必ず最後の最後まで貫きとおします。そして四恩（父母・衆生・国王・三宝の恩）の広大無辺なめぐみにこたえ、仏教の理想とするところの人間完成のためのよきつちかいにいたしたいと思います。

教師を招請するの章

中国の古典に、こうあります、「人は最高のモラルのあるところにいるのを、善《よ》しとする」と。そして、その環境をよくえらんで最高のモラルのあるところにいなければ、どうして智慧がえられようか、と。

また、こういっております。こうしてモラルを高揚し、すぐれた人格を形成し、さらに人として学ぶべき学問を熱心になさなければならない、と。

『大日経』には、次のように説いています。

およそ教えを伝える仏法の師（伝法阿闍梨《あじゃり》）となるためには、あらゆる学問藝術を学び、しかもそれらを総合的に、より高めてゆかねばならない、と。

『十地論《じゅうじろん》』にも、菩提《さとり》を求める者が、菩提を完成するためには、まず五明において、真理を求めなければならない、といっております。

このようなわけですから、善財童子《ぜんざいどうじ》(3)が南インドの百十の都城をめぐり歩いて五十人の教師をたずね、常啼菩薩《じようたい》(4)はつねに真実の智慧をもとめ、真理のために人びとのために、一つの都市の巷《ちまた》にあって泣きつづけたとかいわれています。

ことほどさように、昔のひとはねんごろに深い真理を求めたのであります。

ですから、智慧をえるためには最高のモラルのあるところにあり、覚《さとり》を完成するためには、五明の教えによらなければなりません。真理を求めるためにはできるだけ多くの教師につくことが必要ですし、道を学ぶためには、まさしく経済的な裏づけがたいせつであります。

教育環境、人文自然にわたる一切の学問、教師、経済的土台の、この四つのものがかねそなわって、はじめて教育効果があらわれます。ですから、この四つの条件をつくってはじめて、多くの人びとを利益し、たすけることができます。

ところが、どんなに教育環境がよく、学藝の文献がそろっていても、りっぱなよい教師がえられなければ、十分に教育の効果をあげることができません。このようなわけですから、まずもって、よい教師に来ていただかなくてはなりません。ところで教師には、二《ふた》とおりあります。一つには仏者としての教師であり、二つには世間一般の教師であります。

仏者は仏教の経典などを伝え教えるものであり、世間の教師は仏教以外の学問書物を教えひろめるものであります。この仏教の学問と世間の一般の学問とはお互いに密接に結びついていて離れえないものだというのが、わたくし（空海）の師、恵果《けいか》阿闍梨のつねに申しているところでした。

一つ、教育者としての仏者が心がけなければならないこと。

仏者たる者は、一般仏教と真言密教とを兼ね学ぶように心がけなくてはなりません。しかし、一般の人びとが仏教以外の書物についてよく知ろうとする場合には、世間一般の学者にまかせることであります。もしまた世間の人びとのうちで、仏教の典籍《てんせき》を学びたい者があれば、四量《りしよう》（5）と四摂《ししよう》（6）ということによく思いをひそめて、うまずたゆみなく教え導いてゆかねばなりません。そして、仏教を学ぶ者の身分階級のいかんによって、教育に手ごころを加えるようなことが決してあってはいけません。よろしきにしたがって指示し教授するのがよいのです。

一つ、世間一般の教師が教育上心得ておかなければならないこと。

世間一般の教師にして、およそ九経《きゆうけい》（7）などあらゆる学問のいずれかに、または文法学の知識に通じていて、一部一冊の書物をもって学童の知見を導きひらくことのできるほどの者は、この綜藝種智院で生活して教育に従事していただきたいのであります。

もし仏者にして世間一般の典籍を学びたい者があれば、どうかりっぱな先生がたには、適宜、教授してあげてください。またもし、若い学童にして文書を学ぼうと志す者があれば、教師たる者は慈悲の心をもち、忠孝に思いをいたして、学童の貴賤を問わず、貧富をみず、よろしきにしたがって導き、うまずたゆまず人びとを教えなければなりません。

およそこの世にありとあらゆる人びとは、ことごとくわが子であると思わなくてはならないというのが、仏陀《ぶっだ》のおことばであります。またこの世界に住む者は誰しもがお互いに兄弟であるといったのは、孔子であります。ですから、ましてや教育者たるものは、世の人の子を預かって教育し、その人の一生の人格形成に参与する重大な責任をおわされているのですから、子弟を教育教化するにあたって、親子兄弟の血のつながりの自覚を深め、大きく豊かなる慈愛をもってつつんでやらなければなりません。

一つ、教師と子弟との生活を経済的に援助してやらなければならないということ。

そもそも人間は、懸《か》けヒサゴのような物ではないから、衣食を必要とするというのが、孔子の戒めであります。また、人は誰しも食べて生活している、つまり経済生活が生きてゆく上の根本となるものである、と仏陀も説かれました。かような次第でありますから、もしその道《おしえ》をひろめようと思うならば、その道《おしえ》をひろめる人に、必ず経済的な援助をして、生活を保障してあげる必要があります。仏教者にしても、世間の学者にしても、教師であっても子弟であっても、およそ学道を志そうとする者には、どんな人にでも、みな給費しなければなりません。

まさしく、教育の理想は師弟の完全給費（給食）にありますが、わたくし（空海）は、もともと清貧をもってつねとしていますから、費用を出すことができません。しかし、綜藝種智院開設にあたって、しばらく、わずかの物を充当することにいたします。そこで、もし国家を利益し、人びとのためにしようとする考えがあり、苦悩をすてて明らかな智慧をえようと願う者は、わたくしと同じように、ごくわずかな物資、費用でもよいから寄付していただいて、このわたくしの願いをともどもにたすけていただきたく思います。そして、末ながく、いつまでも皆お互いに仏陀の広大無辺な教えにしたがって、世の人びとのために努力いたしましょう。

天長五年十二月十五日　　大僧都空海しるす

〔注〕

（1）九流は儒教・道教・陰陽道・法家・名家・墨家・縦横家・雑家・農家。六藝は五礼・六楽・五射・五御・六書・九数。

（2）十蔵は法界法輪蔵・声聞蔵縁覚蔵・如来蔵声聞蔵縁覚蔵・如来蔵声聞蔵菩薩蔵補特伽《ほとぎゃ》羅《ら》蔵・如来蔵菩薩蔵声聞蔵補特伽羅蔵天蔵・地獄蔵・摩羅鳩多耶《まらくたや》蔵・傍生《ぼうしょう》蔵・器世界《きせかい》

蔵・雑乱蔵。あるいは華厳宗で釈尊一代の教法を十種に分けたものとも解せられる。これは旧訳の『華厳経』巻十二にみるもので、信蔵・戒蔵・慚蔵・愧蔵・聞蔵・施蔵・慧蔵・念蔵・持蔵・弁蔵をさす。

五明はインドで菩薩の学ぶべき五つの学問の意。『瑜《ゆ》伽《が》師《し》地《じ》論《ろん》』にみえ、声明《しょうみょう》（文法学）・因明《いんみょう》（論理学）・医方明（医学）・工巧明《くぎょうみょう》（工学）・内明《ないみょう》（仏教学）をいう。

（3）『華厳経』入法界品に出てくる求道の菩薩。

（4）『般若経』を守護する菩薩。求道のため〝つねに泣く〟ところからこの名をえたという。

（5）四無量心のこと。慈・悲・喜・捨の四つの無量の心のはたらき。

（6）同じく求道者の実践すべき四つの徳目。布施《ふせ》・愛語《あいご》・利行《りぎょう》・同事《どうじ》。

（7）九経は三礼・三伝・易経・書経・詩経。また易経・書経・詩経・礼記《らいき》・春秋・孝経・論語・孟子・周礼《しゅらい》を数えることもある。その他、九流・三玄《さんげん》・七略《しちりゃく》・七代などを含む。

## 三　『綜藝種智院式幷序』（原文）

綜藝種智院式《しゅげいしゅちいんしき》　幷 序《じよをあわせたり》

辞《じ》納言藤大卿《どうげんとうたいけい》、左九条《きくじょう》に宅《いえ》を有《も》ちたり。地は弐町《じてい》に余れり、屋《おく》は五間《いつま》なり。東は施薬慈《せやくじ》院《いん》に隣り、西は真言の仁祠《じんし》に近し。生休帰真《せいきゅうきしん》の原《はら》、南に迫り、衣食出内《いいしすいだい》の坊、北に居す。

涌泉水鏡《ようせんすいけい》のごとくにして表裏《ひょうり》なり。松竹風来《しょうちくかぜきた》れば琴箏《きんそう》のごとし。梅柳雨催《ばいりゅうあめもよお》し錦繍《きんしゅう》のごとし。春の鳥哢声《ろうせい》ありて、鴻鴈于飛《こうがんうひ》す。熱渇臨《ねつかつのぞ》めば即ち除《のぞ》き。清涼《せいりょう》憩《いこ》うときは即ち至る。兌《にし》には白虎《びゃっこ》の大道あり。離《みなみ》には朱雀《しゅじゃく》の小沢《しょうたく》あり。緇素《しそ》逍遥《しょうよう》すること、何ぞ必ずしも山林にしもあらん。車馬往還《おうかん》して朝夕相続《ちょうせきあいぞく》す。貧道《ひんどう》、物《もの》を済《さい》するに意《こころ》有り。窃《ひそ》かに三教《さんごう》の院を置くことを庶幾《そき》す。一言《いちげん》響きを吐《は》けば千金《せんきん》即ち応ず。永く券契《けんけい》を捨て遠く冒地《ぼうじ》を期す。給孤《きゅうこ》の金《こがね》を敷《し》くことを労せずして忽《たちま》ちに勝軍《しょうぐん》が林泉《りんせん》を得たり。本願忽《ほんがんたちま》ちに感ず、名を樹《た》てて綜藝種智院《しゅげいしゅちいん》と曰《い》う。試みに式《しき》を造《ぞう》して記《き》して曰《いわ》く、

若《おもん》みれば夫《そ》れ、九流六藝《きゅうりゅうりくげい》は代を済《すく》う舟梁《しゅうりょう》、十蔵五明《じゅうぞうごみょう》は人《にん》を利する惟《こ》れ宝なり。故《かるがゆえ》に能《よ》く三世《さんぜ》の如来は兼学して大覚《だいかく》を成《じょう》じ、十方の賢聖《けんじょう》綜《す》べ通して遍知《へんち》を証す。未《いま》だ有らず、一《いち》味美膳《みびぜん》を作《な》し、片音妙曲《へんいんびょうきょく》を調ぶということ。身《み》を立つる要《よう》、国を治むる道、生死《しょうじ》を伊陀《いた》に断ち、涅槃《ねはん》を蜜多《みった》に証すること此《これ》を棄てて誰《たれ》ぞ。是《ここ》を以《も》て前来《ぜんらい》の聖帝賢臣寺《せいていけんしんてら》を建て院を置いて、之を仰ぎ道《どう》を弘《ひろ》む。然りと雖《いえど》も毗《び》訶《か》の方袍《ほうほう》は偏《ひとえ》に仏経《ぶつぎょう》を翫《もてあそ》び、槐序《かいしょ》の茂《ぼ》廉《れん》は空《むな》しく外書《げしょ》に耽る。三教《さんごう》の策《しゃく》、五明《ごみょう》の簡《ふだ》の若《ごと》くに至っては擁泥《ようでい》して通《とお》せず。肆《かるがゆえ》に綜藝種智《しゅげいしゅち》院《いん》を建てて、普《あまね》く三教《さんごう》を蔵《おさ》めて諸《もろもろ》の能者《のうしゃ》を招く。冀《こいねが》う所《ところ》は三曜炳著《さんようへいちょ》して昏夜《こんや》を迷衢《めいく》に照し、五乗《ごじょう》鑣《くつばみ》を並べて群鹿《ぐんろく》を覚苑《かくおん》に駈《か》らん。或《ある》ひと難じて曰《いわ》く、「然れども猶事先覚《なおことせんかく》に漏《も》りて終《つい》に未《いま》だ其《そ》の美を見ず。何《いか》となれば、備《び》僕射《ぼくや》の二教と石納言《せきどうげん》の芸亭《うんてい》、此《かく》の如《ごと》く等《ら》の院並《いんならび》に

皆始め有って終り無し、人去《ひとさ》って跡穢《あとけが》る」。答《とう》す、「物の興廃は必ず人に由《よ》る。人の昇沈は定めて道《どう》に在り、大海は衆流《しゅりゅう》に資《よ》って深きことを致す、蘇迷《そめい》は積塵《しゃくじん》を待って高きことをなし、大廈《たいか》は群材《ぐんざい》の支え持《じ》する所《ところ》、元首《げんしゅ》は股《こ》肱《こう》の扶《たす》け保つ所なり。然れば類《るい》多き者は竭《つ》き難し、偶《たぐ》い寡《すくな》き者は傾き易《やす》し、自然《しぜん》の理《り》の然らしむるなり。今願う所は一人恩《いちじんおん》を降《くだ》し、三公《さんこう》力《ちから》を勠《あわ》せて、諸氏の英貴《えいき》、諸宗《しょしゅう》の大徳、我《われ》と志《し》を同じくせば百世《ひゃくせい》までにして継《つ》ぐことを成《な》さん」。難者《なんじゃ》の曰《いわ》く、「善《よ》いかな」。或いは人有って難じて曰く、「国家に広く庠序《しょうじょ》を開きて諸藝を勧め励ます。霹靂《へきれき》の下《もと》には蚊響《ぶんきょう》何の益かあらん」。答《とう》す、「大唐《だいとう》の城坊《じょうぼう》には坊ごとに閭塾《りょじゅく》を置いて普《あまね》く童稚《とうち》を教う、県《さと》ごとに郷学《きょうがく》を開いて広く青衿《せいきん》を導く。是《こ》の故《ゆえ》に才子城《じょう》に満ち、藝士《げいし》国に盈《み》てり。今、是の華城《かせい》には但一《ただひとつ》の大学のみ有り、閭塾《りょじゅく》有ること無し。是の故に貧賤《ひんせん》の子弟津《つ》を問う所無し。遠坊《えんぼう》の好事《こうじ》は往還《おうかん》するに疲れ多し。今此《こ》の一院を建てて普《あまね》く童蒙《どうもう》を済《すく》わん、善《よ》からざらんや」。難者曰《なんじゃいわ》く、「若《も》し能《よ》く果《はた》して此《かく》の如くせば美を尽《つく》し善を尽して、両曜《りょうよう》と与《とも》に明《めい》を争い、二儀《じぎ》と将《とも》にして久しからんことを競《きそ》わん。国を益する勝計《しょうけい》、人を利する宝洲《ほうしゅう》なり」。余《われ》不敏なりと雖《いえど》も一簣《いっき》を九仞《きゅうじん》に投げ、涓塵《けんじん》を八埏《はっえん》に添えて四恩の広徳《こうとく》を報じ、三点の良因《りょういん》となさん。

## 師を招く章

語《ぎょ》に曰く、「仁《じん》を里《さと》とするを美なりとす。択《えら》んで仁に処《お》らずは焉《いずく》んぞ知ること得ん」。又曰く、「六藝《りくげい》に遊ぶ」といえり。経《きょう》に云《いわ》く、「初《はじめ》の阿闍梨《あじゃり》、衆藝《しゅげい》を兼ね綜《す》ぶ」。論に曰く、「菩薩《ぼさつ》は菩提《ぼだい》を成《じょう》ぜんが為には先ず五明《ごみょう》の処《ところ》にして法を求む」。是の故に、善財童子《ぜんざいどうじ》は百十の城《じょう》を巡《めぐ》って五十の師を尋ね、常啼菩薩《じょうたいぼさつ》は常に一《ひとつ》の市《いち》に哭《こく》して、切《ねんごろ》に深法《じんぼう》を求む。然れば智を得ることは仁者《じんしゃ》の処《ところ》に在り。覚《かく》を成《じょう》ずることは五明《ごみょう》の法に資《よ》る。法を求むることは必《かなら》ず衆師《しゅし》の中《なか》にしてす。道《どう》を学することは当《まさ》に衣食《いいし》の資《し》に在るべし。四《よつ》の者《もの》、備わって然して後《のち》に功有り。是の故に、斯《こ》の四縁《しえん》を設《ま》けて群生《ぐんじょう》を利済《りさい》す。処有り、法有りと云うと雖《いえど》も、若《も》し師無くは解《さとり》を得るに由《よし》無し。故《かるがゆえ》に先ず師を請《しょう》ず。師に二種《じしゅ》有り、一《いち》は道《どう》、二には俗。道《どう》は仏経《ぶつぎょう》を伝うる所以《ゆえん》なり、俗《ぞく》は外書《げしょ》を弘《ひろ》むる所以《ゆえん》なり。真俗《しんぞく》離れざることは我が師の雅《が》言《げん》なり。

一《ひとつ》　道人伝受《どうにんでんじゅ》の事《こと》

右、顕密《けんみつ》の二教は僧の意楽《いぎょう》なり。外書《げしょ》を兼ね通《とお》するは、住俗《じゅうぞく》の士に任《まか》すべし。意《こころ》、内《ない》の経論《きょうろん》を学ばんと楽《ねが》う者有らば、法師なり。心を四量四摂《しりょうししょう》に住して労倦《ろうけん》を辞せず、貴賤を看《み》ること莫《な》くして、宜《よろ》しきに随《したが》って指授《しじゅ》すべし。

一《ひとつ》　俗《ぞく》の博士《はかせ》の教受《きょうじゅ》の事《こと》

右、九経《きゅうけい》・九流《きゅうりゅう》・三玄《さんげん》・三史・七略《しちりゃく》・七代若《しちだいも》しは文《ぶん》、若しは筆等《ひっとう》の書中《しょちゅう》に、若しは音《おん》、若しは訓《くん》、或いは句を読み、或いは義を通《とお》す。一部一帙《いっちつ》、童蒙《どうもう》を発《ひら》くに堪《た》えたらん者は住すべし。若《も》し道人《どうにん》の意《こころ》に外典《げてん》を楽《ねが》わん者は、茂士孝廉《ぼしこうれん》、宜《よろ》しきに随《したが》って伝授せよ。若し青《せい》衿黄口《きんこうこう》の文書《もんじょ》を志学《しいがく》することあらば、絳帳《こうちょう》先生、心慈悲《こころじひ》に住して、思《おも》い忠孝を存して、貴賤を論ぜず、貧富を看《み》ず、宜しきに随って提撕《ていせい》して、人を誨《おし》うること倦《う》まざれ。三界《さんがい》は吾《わ》が子というは大覚《だいかく》の師吼《しく》なり。四海は兄弟《けいてい》というは将聖《しょうせい》の美談なり。仰がずばあるべからず。

一《ひとつ》　師資糧食《ししりょうし》の事《こと》

夫《そ》れ人、懸瓠《けんこ》に非《あら》ざることは孔丘《こうきゅう》の格言なり。皆食《みなし》に依《よ》って住すということは釈尊《しゃくそん》の談《たん》ずる所なり。然れば其の道《どう》を弘《ひろ》めんと欲《おも》わば、必ず須《すべか》らく其の人に飯《はん》すべし。若しは道、若しは俗、或いは師、或いは資《し》、覚道《がくどう》に心有る者、並《ならび》に皆須《みなすべか》らく給すべし。然りと雖《いえど》も道《どう》人素《にんもと》より清貧《せいひん》を事として、未《いま》だ資費《しひ》を弁《わきま》えず。且若干《かつそこばく》の物を入れて、若《も》し国を益《やく》し、人を利《り》するに意《こころ》有り、迷《めい》を出《い》で覚《かく》を証するを志し求むる者、同じく涓塵《けんじん》を捨てて此《こ》の願《がん》を相済《あいすく》うべし。生生世世《しょうじょうせぜ》に同じく仏乗《ぶつじょう》に駕《か》して共に群生《ぐんじょう》を利せん。

天長五年十二月十五日　　大僧都空海記

『綜藝種智院式并序』は『性霊集』巻第十に収めるが、これは正確にいえば、済暹《さいせん》（一〇二五―一一一五）の『補闕抄《ほけつしょう》』巻第十に入っている。済暹は仁和寺《にんなじ》の学匠で、字《あざな》は南房、西山慈尊院に住した。北院御室《おむろ》の性信親王の付法で、常喜院心覚とともに学識、一世に聞こえたひとである。承暦三年（一〇七九）、五十五歳のとき、失われた『性霊集』第八、第九、第十を補って『補闕抄』三巻を編み、その後、『性霊集』の注釈書『顕鏡鈔』を書いた。これは『性霊集』の注釈書としてはおそらく現存最古のものと思われる。東寺に伝えられるというが、筆者は未見である。

『綜藝種智院式幷序』には、山形県米沢市上杉神社所蔵のものが知られている。通称、上杉神社本（上杉本）といっており、現在、重要文化財に指定されている。これはもと高野山無量光院の旧蔵であったが、戦国の世に、法印清胤が上杉謙信亡き後の上杉家に贈ったもののようである。謙信が天下を取るに付きぜひ高野山の絶大なる力を借りたい、ついては若干の寄進をするという旨の書状が、十数年ほど前に高野山で文化財調査のときに発見されている。宛名は清胤法印である。記録によると、明治四年（一八七一）に上杉家より上杉神社に寄進して、今日に至っている。

この一軸を納めた箱は、墨漆塗、鉱金透《すか》し輪宝紋を据え、台は香狭間《はざま》をつけた立派なものである。鎌倉時代末期の作と思われるが、『弘法大師真蹟全集』第十二帖（平凡社刊）に全文の写真が収めてある。近年、巻子本《かんすぼん》の原寸大の複製本が上杉神社から刊行された。また同神社別当法音寺住職高梨宥興師によって、折本、帖本の二種の写真複製がなされている。

次のような由来書が別に付けてある。

紙数拾枚百三十九行　　良　融

観応元年三月二十一日於関東極楽寺

自第六住持心日大徳奉相伝之畢

極楽寺住僧金剛仏子珠篋（花押）

右一巻　大光院良融持去天正八年庚辰閏三月五日遠行愚僧譲与云々然者登山法流御免許之上　為御布施物所納者也

天正十三年乙酉六月二十八日　　仏子政遍（花押）

無量光院当住　清胤法印様

これによると、関東鎌倉の極楽寺第六世心日大徳以来、同寺に相伝されたもので、観応元年（一三五〇）の年記がある。それを大光院良融が持去り、天正八年（一五八〇）に政遍が譲り受けた。政遍は天正十三年（一五八五）に高野山で法流免許の布施物として無量光院清胤に贈った。さらに清胤より上杉家に渡ったように、この巻子本は所持者を転々と変えて今日に至ったことが知られるのである。

かつて黒板勝美博士は、空海の書として大成した代表作であるとした。辻善之助博士は空海以後のものとする。野本白雲氏は真偽未定としながらも、空海の書を弟子の誰人かに清書せしめたものではないかとする。筆者は字句を一々精査した結果、流布本の『性霊集』とは異なるが、醍醐本とは比較的よく一致する事実を発見した。上杉本も醍醐本も「蘇迷大廈」とある。流布本は「蘇迷越衆山以成高大廈」となっている。醍醐本をみると、「迷」と「大」との間に入る語句として、御筆本を以て「待積塵而為高」を右傍書し、上欄には為長本を以て「越衆山以成高」と参考までに記入している。これによってみると、すでに古くから、この部分の六字は何らかの理由で失なわれ、二種の伝承があったことが知られる。野本氏は右の脱文のある点を疑問視して、上杉本の真偽を未定としているが、筆者は右の点から空海真筆を別人が筆写した際に脱文を生じた、そして、そのまま醍醐本に至るまで伝本形態が固定してしまったものと推定したいのである。もっとも野本氏は醍醐本をみていないようである。

次に本文の内容についてうかがっておきたい。

綜藝種智院開設の意義、目的はすでにのべたとおりであるが、この学校名のよって来たるところは、『大日経』具縁品《ぐえんぼん》の「兼綜衆藝」に明らかなように、何よりもまず綜合教育をほどこす機関として設置されたものであることを知らなければならない。

当時、京《みやこ》の大学でも国ごとに設置された国学でも、その学科内容は外典《げてん》、とくに儒教を主とするものであった。空海が儒教・道教・仏教の三教院を開設したいという願いは、多感な青年時代からの夢であったかも知れないのである。すでに延暦十六年（七九七）十二月一日に三教を批判した『三教指帰』を書いたことは知られるとおりである。空海も文中に言及する吉備真備《きびのまきび》は、空海が二歳の宝亀六年（七七五）に八十三歳で没した人で、儒教・道教を教育する二教院を開いたことで知られている。また芸亭《うんてい》という私学校を開いた石上宅嗣《いそのかみのやかつぐ》は、空海八歳の天応元年（七八一）六月に五十三歳で没している。かれら二人の教育事業は空海の幼少年時代のころになされたのであるが、人伝えに聞かされるところがあったと思われる。入唐したときも、空海が長安の都の教育制度、地方の学校などをつぶさに見学したことは、これまた文中に明らかに記されているところである。

このようにみるならば、綜藝種智院の創設も青年時代、あるいはさらには刻苦勉学の日を重ねた少年時代から、ひそかに思い願うところであったように推察されるのである。たとえば「この故に貧賤の子弟、津を問うところ無し」といっているのは、空海には、たまたま外舅《がいきゅう》に一代の学匠、阿刀大足《あとのおおたり》がいたからであるが、一般の子弟は学ぶにもそのすべがなく、すべて教育の門戸は閉されていた。ただ貴顕皇族の子弟のみが十分なる教育を受ける幸運にめぐまれていたのである。だから、何人も貴賤貧富のわけへだてがあってはならないという、この空海の念願とするところは綜藝種智院の教育方針にも、はっきり打出されているのである。すなわち「貴賤を論ぜず、貧富を看《み》ず、宜《よろ》しきに随って提撕《ていせい》して、人を誨《おし》うること倦《う》まざれ。三界は吾が子というは大覚の師吼《しく》なり。四海は兄弟《けいてい》というは将聖の美談なり。仰がずばあるべからず」といっているのが、それである。これは一千百数十余年前の言葉とは思われぬものであって、教育に関する不滅の根本指針が示されたものといわなければならない。また「遠坊の好事は往還するに疲れ多し。今此《こ》の一院を建てて普《あまね》く童蒙を済《すく》わん、善からざらんや」といっているのは、空海が十五歳にして大足に伴われて、片田舎の讃岐国からわざわざ学問研究のために京にのぼり、十八歳で大学に入学した苦難の経験にもとづき、実感をこめて書きつづられているようにうかがわれるのである。

この『綜藝種智院式』の末尾に「天長五年十二月十五日　大僧都空海記」とある。大僧都空海と記したものは他に「益田《ますだ》池碑銘」があるが、このほうは問題がある。というのは、空海が大僧都に任ぜられたのは天長四年（八二七）だからである。しかし、この式に「大僧都空海記」とあるのは首肯せられる。ところで、これと関連して注目すべきは、高山寺所蔵の『篆隷万象名義《てんれいばんしょうみょうぎ》』の第一帖巻第一の書名の次に「東大寺沙門大僧都空海撰」とあることである。東大寺沙門とあるのは、空海は東大寺別当職にも任ぜられ、また東大寺に真言院を置いていたから、当然の称であるとして、大僧都とあるので、これを信ずる限り、

『篆隷万象名義』は天長四年以後の作としなければならない。してみると、空海はなぜ、このような『玉篇《ぎょくへん》』（真本玉篇）をもととし、しかも真本玉篇が排字の基準とした『説文《せつもん》解字《かいじ》』の順序を若干変更したほどの、独創的な辞典までも編集したのであろうか。これは筆者の想像の限りであるが、空海は綜藝種智院の教育に備えておそらくこの辞典を用意したのであろうと思われるのである。

空海のかねてからのこうした念願をかなえた人が辞納言藤大卿であった。かれは弘仁十四年（八二三）十一月に中納言を辞任し、嵯峨上皇に従って嵯峨に移っているので、左九条にある二町に余る旧邸を空海に提供することになったとみられている。したがって、この点からして弘仁十四年か、それよりあまり年月のへだたらない時点で、土地つきの邸宅がそのまま空海に寄進されたものとみてよいのかも知れない。しかし、三守《ただもり》は天長五年（八二八）三月に再び致仕し、大納言兼兵部卿に任ぜられているので、この年、新たに邸宅を設けて、そこに移り住み、旧邸を空海に譲り渡したと見ることもできるように思われる。むしろ、そうだとすれば「大僧都空海記」が解釈されうるわけである。

天長七年（八三〇）には淳和天皇に、空海は『十住心論』『秘蔵宝鑰』を撰進している。同年十月に藤原三守らは『新撰格式』を撰上しており、またこの年、空海と親交のあった詩人、滋野貞主《しげののさだぬし》らは同八年（八三一）に勅により『秘府略《ひふりゃく》』一千巻の大著を作成している。

このように空海をとりまく多くの文人は、当時わが国の史上に残るようなすぐれた仕事をしているが、ことに三守は空海の有力なパトロンとして、その教育事業に対して積極的な援助を惜しまなかったのは、三守その人がすぐれた学者でもあって、学問、教育のよき理解者であったがためであると思われる。

綜藝種智院が東寺の近くに開設されたというのも、東寺に住する空海門下の多くの仏者が、直接、教育指導できるという便宜がえられるという利点から、恰好の場所が選ばれたのである。

綜藝種智院を沽却《こきやく》したのは、東寺伝法会《でんぽうえ》を開催するための料をえんがためであった。沽却許可の太政官符は承和《じようわ》二年（八三五）九月十日となっており、東寺第二世実慧《じちえ》のときのことである。その官符の一節に「先師故大僧都空海大法師、私建二一黌一名曰二綜藝院一、将下以設二経史一而備二教業一、配二田園一而充中支用上、宿心未レ畢、人化時遷、功業所レ期触レ方難レ済云々」（先師、故《もと》の大僧都《だいそうず》空海大法師、私《ひそか》に一黌《いっこう》を建て名づけて綜藝院《しゅげいいん》と曰《い》う。おもんみるに経史を設け、教業に備うるに、田園を配して支用に充《あ》てんとす。宿心いまだ畢《おわ》らざるに、人、化し、時、遷《うつ》る。功業の期《ご》するところ方に触れて済《すく》いがたし）とあり、また、承和四年（八三七）四月の伝法会啓白文の中に、「宿心既畢和尚奄化、院建二寺外一修治難レ続云々」（宿心既《すで》に畢《おわ》り和尚奄化《わしようえんげ》す。院、寺外に建ち修治、続きがたし）とあるので、実際には承和二年九月ころまで綜藝種智院の教育は続いたのではなく、空海入定後は事実上、経営困難で閉校状態となっていたもののようである。

天長八年（八三一）六月十四日には空海は不例のため大僧都を辞し、翌年夏にはすでに高野山にいたから、そのころから教育は門下の弟子たちにゆだねられていたのであろう。『綜藝種智院式』を読むと、今日なお教育理想として追究さるべきすべてが要約的に教示されている。その意味で、空海の教育理想は人類の教育に千古変わらぬ普遍的なものであるといわなければならない。

古来、「いろは歌」や「アイウエオ五十図」などは空海の作として伝えられている。もちろん、現代の学問的立場からみれば、批議があるかも知れないけれども、それらがすべて空海に帰せられているゆえんを探ってみるならば、庶民教育をわが国で最初に始めた空海にしてみれば、当然の民族感情のしからしめるところでもあろう。

人類の歴史のある限り、文化の源が教育にある以上、空海は世界的な大教育家としても、万世に不滅である。「虚空尽き、衆生尽き、涅槃《ねはん》尽きなば、わが願いも尽きん」という永遠の誓願は、まさしくこの『綜藝種智院式』にもみられるものであって、庶民のための教育理想にも如実にその一端が認められるのである。

## 四　付　論

空海はわが国における真言密教の宗祖として仰がれているのみならず、上代日本文化を代表する筆頭に位置していることは、今さらいうまでもないことである。たんに一宗一派の宗祖というだけにとどまらず、まさしく「日本文化の大恩人」として、今なお、空海を知らない者はないほどに一般民衆に親しまれている。空海のこうした庶民性はどこに由来しているかといえば、直接的には満濃池《まんのうのいけ》の修築、綜藝種智院の創設にあるとみられるのである。たんなる宗教家、たんなる文化人でなかったところに、空海の偉大な多面性が窺われるのであって、いわばスーパーマン的な存在である。

しかしまた、空海の多くの社会的文化的な活動が決して突発的なものでなく、その本質は曼荼羅《まんだら》世界の具現として、真言密教の教義、実修と深く関わり合っていることも認識したいのである。

いま筆者の手元にある『荻生徂徠《おぎゆうそらい》全集』全二十巻（みすず書房）の「刊行のことば」をみると、次のような評言で始まっている。

日本人の精神的業績のなかで、世界的価値をもつものとして、道元《どうげん》や親鸞《しんらん》、雪舟《せつしゆう》や北斎《ほくさい》などの名はひろく知られております。かれらの宗教者・芸術家としての高みに匹敵しうるような大きなスケールの存在を、学問の世界に求めるならば、私たちはまず荻生徂徠をあげるべきでありましょう云々。

日本仏教を評価する場合には、おおむね、「鎌倉諸宗派」の宗祖たちを挙げるのを通例とする。もちろん、それを認めるのにやぶさかでない。だが、日本人の精神的業績における世界的価値云々という場合には、そのほとんどは、空海を疎外する。それは空海の教学が難解であるばかりでなく、空海の社会的・文化的業績がまだまだ一般に正しく認識されていないところにも、一斑の原因があるもののように思われる。

今日、史家の多くは、かの行基《ぎょうき》の民衆教化、とくにその社会活動を高く評価する。しかし、空海の社会活動はその歴史的文化的な意義からみても、決して行基に勝るとも劣るものでないばかりか、現在にいたるまで、その功績が残されている点では、空海をおいては他に並ぶべきものはないといってよいであろう。

# III

# 空海の著作を読む

# 空海の名著

## 三教指帰

三巻。延暦十六年（七九七）十二月、二十四歳の著作。儒教・道教・仏教をリーディング・ドラマ風に批評した一種の比較思想論。文体は六朝《りくちょう》の四六駢儷体《しろくべんれいたい》で、わが国漢文学史上の白眉《はくび》と評される。

序文で二十四歳までの自叙伝をのべる。巻上「亀毛先生論《きもう》」では儒教を代表して亀毛先生が兎角《とかく》公の邸宅を訪ね、忠孝、立身出世などの教えを説き、遊蕩児の蛭牙公子《しつがこうし》を改悛させる。

巻中「虚亡隠士論《きよぶいんし》」では隠士は道教の超俗、とくに長生久存、昇天の術を説き『抱朴子《ほうぼくし》』を紹介して、道教は儒教よりすぐれているとする。

巻下「仮名乞児論《かめいこつじ》」では乞児がみすぼらしい乞食スタイルで登場する。かれは儒教の世俗の名利、道教の神仙の脱俗を退け、三世因果の理法、一切衆生《いっさいしゅじょう》の慈悲を説き、仏教の基本的教理を明らかにする。かれらは心服し、十韻の詩を唱和して幕が下りる。
空海自筆とされる別本の『聾瞽《ろうこ》指帰《しいき》』は序文と巻末の詩を異にする。
『弘法大師全集』第三輯、岩波版『日本古典文学大系』71（渡辺照宏・宮坂宥勝校注）所収。

### 弁顕密二教論

二巻。略称は顕密二教論、二教論。成立年代は弘仁四年（八一三）より同六年（八一五）ころとみられる。

真言密教に横竪《おうしゅ》の判釈があるうち、竪の教判の『十住心論』に対する横の教判が本書。六経三論を引用して顕密を対弁し、密教の特色を鮮明ならしめる。内容は序説・引証喩釈・引証註解・結語よりなる。四つの論拠によって両教を対弁する。①能説の仏身。報身、応身の化他方便の教説が顕教、法身《ほっしん》の自内証《じないしょう》の実説が密教。②所説の教法。華厳は果分《かぶん》（さとりの領域）不可説、密教は果分可説。天台、法相《ほっそう》、三論などはいずれも密教の初入の門であるとする。③成仏の遅速。顕教は一般的に三劫《さんごう》成仏を説くのに対して、密教は現世における即身成仏《そくしんじょうぶつ》を立場とする。④教益の勝劣。密教はいかなる罪障深重の者といえども、すべて速やかに救うことができるとする。終りに密教の名義を説く。

『大正蔵経』七十七巻、『弘法大師著作全集』第一巻（勝又俊教編修）、『弘法大師全集』第一輯所収。

## 即身成仏義

一巻。略称、即身義。弘仁十四年（八二三）、天長元年（八二四）の著作。空海密教の中核はひとえに即身成仏の実現にあるといってよいが、顕教の三劫成仏に対する即身成仏の実証を主張している。『大日経』『金剛頂経《こんごうちょうぎょう》』と『菩提心論《ぼだいしんろん》』より八箇の証文を引いて論証する。そして、次の二頌八句の即身成仏偈についてそれぞれの語句を解説し、即身成仏の原理、理論、実践の可能性を説き尽している。

六大無礙《むげ》にして常に瑜伽《ゆが》なり（体）
四種曼荼《まんだ》　各《おのおの》　離れず（相）
三密加持《かじ》すれば速疾《そくしつ》に顕《あら》わる（用）
重重帝網《たいもう》なるを即身と名づく（無礙）
――即身

法然《ほうねん》に薩《さ》般若《はんにゃ》を具足して
心数心王刹塵《しんじゅしんのうせつじん》に過ぎたり
各《おのおの》　五智無際智を具す
円鏡力の故に実覚智なり
――成仏

『大正蔵経』七十七巻、『弘法大師著作全集』第一巻、『弘法大師全集』第一輯所収。

## 声字実相義

一巻。略称、声字義《しょうじぎ》。著作年代は不明であるが、『即身成仏義』の後、『金剛頂経開題』以前の作とみられる。一般顕教では声字は実相を表わすものにあらずとするのに対して、空海は『大日経』具縁品《ぐえんぼん》、および同じく『大日経疏《しょ》』にもとづき、声字はそのまま現象の実在であり、これによって法身仏の永劫の説法を証《あか》すことができるとする。すなわち五大《ごだい》、十界《じっかい》、六塵《ろくじん》はことごとく音声文字で、法身の説法にほかならないと説く。

このように天地自然の一切は法爾《ほうに》の声字であり、経典であるが、まだ自覚をえない衆生はその深秘《じんぴ》の説法を聞くことができない。

本書は第一叙意、第二釈名体義、第三問答の三段よりなる。ただし、六塵のうち色塵《しきじん》の文字のみを説明し、他の五塵の部分がなく、問答の段もないから未完結の書ともみられる。『大正蔵経』七十七巻、『弘法大師著作全集』第一巻、『弘法大師全集』第一輯所収。

## 吽字義

一巻。恵果《けいか》の口説をもとにした著作とみられる。五十字門のうち、とくに吽《うん》字を選んだのは、この字が金剛界・胎蔵法両部の種子《しゅじ》とされるからである。吽（hūṃ）の一字を分解すれば、訶《か》（ha）、阿（a）、汙《う》（ū）麼《ま》（ma）の四字となり、それぞれに因縁生、不生《ふしょう》、損減《そんげん》、増益《ぞうやく》の意味があるとする。これは文字の表面的な解釈を示したもので、いわゆる字相である。

これに対して、字義は深秘の解釈で、いずれも不可得なりとし、合釈《がっしゃく》すれば両部大経も菩提心・大悲・方便の三句を出でず、三句を合わせると吽の一字に摂《おさ》められるとする。すなわち生滅、因果、損益、増減の現象界を離れたところに絶対無限の法身仏の世界が存在すると説く。空海の撰述中、短篇ながら、密教の深秘の哲学を説いたものとして、もっとも注目すべきものの一つである。

『大正蔵経』七十七巻、『弘法大師著作全集』第一巻、『弘法大師全集』第一輯所収。

### 秘密曼荼羅十住心論

十巻。略称、『十住心論』。天長七年（八三〇）に著わしたもので、空海の主著。顕密内外約六百種におよぶ文献より引用している。真言行者の心地の向上発展を十段階に分けて説くとともに、平安初期におけるインド、中国、わが国におけるあらゆる宗教、哲学、思想を綜合的に批判した一種の思想史、比較思想論でもある。十種の段階とは①異生羝羊心《いしょうていようしん》、

②愚童持斎心《ぐどうじさいしん》、③嬰童無畏心《ようどうむいしん》、④唯蘊無我心《ゆいうんむがしん》、⑤抜業因種心《ばつごういんじゅしん》、⑥他縁大乗心《たえんだいじょうしん》、⑦覚心不生心《かくしんふしょうしん》、⑧一道無為心《いちどうむいしん》、⑨極無自性心《ごくむじしょうしん》、⑩秘密荘厳心《ひみつしょうごんしん》。

①は倫理以前の世界、②は儒教、③は道教、バラモン諸教、④は声聞《しょうもん》乗、⑤は縁覚《えんがく》乗、⑥は法相《ほっそう》宗、唯識《ゆいしき》派、⑦は三論《さんろん》宗、中観《ちゅうがん》派、⑧は天台《てんだい》宗、⑨は華厳《けごん》宗、⑩は秘密仏乗。④⑤は小乗、⑥以下⑩までは大乗、⑧⑨は中国仏教の双璧、⑥⑦はインド大乗仏教の二大潮流をふくむ。第十秘密荘厳心は一切の住心を包摂して、しかも超越する。それは曼荼羅の世界として展開している。

『大正蔵経』七十七巻、『弘法大師著作全集』第一巻、『弘法大師全集』第二輯所収。

## 秘蔵宝鑰

三巻。淳和《じゅんな》帝の勅命で天長七年（八三〇）に『十住心論』とともに献上したもの。衆生の仏性《ぶっしょう》の秘奥、曼荼羅を開示する鍵《かぎ》を意味する。『十住心論』を広論、『秘蔵宝鑰』を略論とよぶ。両論の異同を明らかにすれば、本書の特色がうかがわれる。

①広論は各住心で浅略《せんりゃく》釈と深秘《じんぴ》釈、すなわち顕教的解釈と密教的解釈とを示すのに対して、略論は第九住心の華厳のみに両釈を示す。②広論に引用する多数の文献を略論では省略する。③略論には一部分、広論の文をそのまま引用する。④略論の第十住心に引用する

『菩提心論《ぼだいしんろん》』三摩地段《さんまじだん》は広論にこれを欠く。⑤略論は第六、七、八住心の末尾に『釈論』の五重問答を引用する。⑥略論は第四住心に憂国公子《ゆうこくこうし》と玄関法師《げんかんほうし》との十四問答があり、国家と仏教との関係を論ずる。

『大正蔵経』七十七巻、『弘法大師著作全集』第一巻、『弘法大師全集』第一輯所収。『最澄・空海集』（日本の思想1・筑摩書房）に筆者の現代語訳がある。

## 性霊集

十巻。真済《しんぜい》編。詳名。『遍照発揮性霊集《へんじょうはっきせいれいしゅう》』。空海の詩文を集成したもの。いつの世にか、第八、第九、第十巻が散佚したので、仁和寺の済暹《さいせん》（一〇二五―一一一五）が遺文を蒐集して『補闕抄《ほけつしょう》』三巻をもって旧巻数に復した。詩文百十一首を収める。巻一は詩賦類。巻二は碑銘類。巻三は献上・贈呈の詩文類。巻四は表・啓類。巻五は書・啓類。巻六・巻七は達嚫文《だっしんもん》・願文。巻八は願文・達嚫文・表白文・巻九は奏状・啓白文類。巻十は序・詩・讃類。

わが国における個人の詩文集としては最初の作品であり、平安初期の時代・社会・文化全般にわたる根本史料である。

部分的には直筆の模本も残るが、完本の古写本は貞応二年（一二二三）の醍醐本である。

『弘法大師全集』第三輯所收。岩波版『日本古典文学大系』71（渡辺照宏・宮坂宥勝校注）は醍醐本を復刻したもの。『国訳一切経《こくやくいっさいきょう》』和漢部（護教部五、大山公淳訳注）は全集本を底本としたもの。

〔付記〕

以上に挙げた空海の著作のすべては、『弘法大師空海全集』全八巻（筑摩書房刊）に、訓み下し、現代語訳に注を付して収めてある。

# 『秘蔵宝鑰』について

空海の撰述には広略二本立てのものとして、『秘密曼荼羅教付法伝《ひみつまんだらきょうふほうでん》』と『真言付法伝《しんごんふほうでん》』、あるいは『文鏡秘府論《ぶんきょうひふろん》』と『文筆眼心抄《ぶんぴつがんじんじょう》』とがある。そして、『秘密曼荼羅十住心論《ひみつまんだらじゅうじゅうしんろん》』（略称『十住心論』）と『秘蔵宝鑰《ひぞうほうやく》』（略称『宝鑰』）もまた広本と略本との関係にある。この両書は空海の数多い撰述の中の双璧の主著である。しかも、『十住心論』がいわゆる九顕十《くけんじゅう》密《みつ》の立場を示すのに対して、『宝鑰』は九顕一密の立場を明らかにしたものである、とされる。

すなわち前著は十住心のすべてが秘密曼荼羅＝密教の世界であるのに対して、後著は第十住心の秘蔵を開く宝鑰という書名がこれを表明しているのである。なお、『十住心論』撰述後に『宝鑰』を著わしたことは周知のとおりである。

さて、『十住心論』の帰敬頌をみると、『即身成仏義《そくしんじょうぶつぎ》』『秘蔵記《ひぞうき》』などにある「即身成仏頌」の六大《ろくだい》・四曼《しまん》・三密《さんみつ》の綱格を基礎とし、金胎両部《こんたいりょうぶ》の実践大系が巧みに組み合わされている。ところが、一方、『宝鑰』の序は、まず序頌を掲げ、次に十住心の内容を両部曼荼羅に即して概説し、さらに帰敬頌を示す。帰敬頌は『十住心論』とはかなり異なり、両部をふまえて大・法・三昧耶《さんまや》・羯磨《かつま》の四種曼荼羅《まんだら》によって構成されている。そして、引続き、十住心の名称を挙げながら、その内容を韻文でまとめている。

次に、その訓み下し文と現代語訳を試みてみたい。

第一異生羝羊心《いしようていようしん》

凡夫《ぼんぷ》狂酔して　吾《わ》が非を悟らず。但し婬食《いんじき》を念ずること　彼《か》の羝羊の如し。

第二愚童持斎心《ぐどうじさいしん》

外の因縁に由《よ》って　忽《たちま》ちに節食《せつじき》を思う。施心萌動《ほうどう》して　穀《こく》の縁に遇うが如し。

第三嬰童無畏心《ようどうむいしん》

外道天に生じて　暫《しばら》く蘇息《そそく》を得《う》。

第一住心　異生羝羊心

無知な者は迷って、わが迷いをさとっていない。羊のように、ただ性と食とのことを思いつづけるだけである。

第二住心　愚童持斎心

他の縁によって、たちまちに節食を思う。他の者に与える心が芽ばえるのは、穀物が播《ま》かれて発芽するようなものである。

第三住心　嬰童無畏心

天上の世界に生まれて、しばらく復活する

彼の嬰児と犢子《とくし》との母に随うが如し。

第四唯蘊無我心《ゆいうんむがしん》
唯だ法有《ほうう》を解《げ》して　我人皆遮《しゃ》す。
羊車《ようしゃ》の三蔵　ことごとくこの句に摂《しょう》す。

第五抜業因種心《ばつごういんじゅしん》
身を十二に修して　無明、種《しゅ》を抜く。
業生、已《すで》に除いて　無言に果を得。

第六他縁大乗心《たえんだいじょうしん》
無縁に悲を起して　大悲初めて発《おこ》る。
幻影に心を観じて　唯識《ゆいしき》、境を遮す。

ことができる。それは幼な児や子牛が母にしたがうようなもので、一時の安らぎにすぎない。

第四住心　唯蘊無我心
ただ物のみが実在することを知って、個体存在の実在を否定する。教えを聞いてさとる者の説は、すべてこのようなものである。

第五住心　抜業因種心
一切は因縁よりなることを体得して、無知のもとをとりのぞく。このようにして迷いの世界を除いて、ただひとり、さとりの世界を得る。

第六住心　他縁大乗心
一切衆生に対して計らいない愛の心を起すことによって、大いなる慈愛がはじめて生ずる。すべての物を幻影と観じて、ただ心

第七覚心不生心《かくしんふしょうしん》
八不《はっぷ》に戯《け》を絶ち　一念に空《くう》を観《み》れば、
心原空寂《くうじゃく》にして　無相安楽なり。

第八如実一道心《にょじついちどうしん》
一如《いちにょ》本浄にして　境智倶《とも》に融す。
この心性を知るを　号して遮那《しゃな》という。

第九極無自性心《ごくむじしょうしん》
水は自性なし　風に遇うてすなわち波
たつ。
法界《ほっかい》は極にあらず　警を蒙《こうむ》って忽《たちま》ちに
進む。

のはたらきのみが実在であるとする。

第七住心　覚心不生心
あらゆる現象の実在を否定することによって実在に対する迷妄を断ち切り、ひたすら空を観れば、心は静まって何らの相《すがた》なく安楽である。

第八住心　一道無為心《いちどうむいしん》
現象はわけへだてなく清浄であって、認識における主観も客観もともに合一している。そのような心の本性を知るものを称して、仏（大日如来）というのである。

第九住心　極無自性心
水にはそれ自体の定まった性《しょう》はない。風にあって波が立つだけである。さとりの世界はこの段階が究極ではないという戒めによって、さらに進む。

第十秘密荘厳心《ひみつしょうごんしん》
顕薬塵《ちり》を払い　真言《しんごん》、庫《くら》を開く。

秘宝忽ちに陳じて　万徳《まんどく》すなわち証す。

第十住心　秘密荘厳心
密教以外の一般仏教は塵《ちり》を払うだけで、真言密教は庫《くら》の扉を開く。そこの庫の中の宝はたちまちに現われて、あらゆる価値が実現されるのである。

以下、各住心を解説する文中に必ず頌によるまとめがある。

ところで、『十住心論』と異なる点としてすぐ目にとまるのは、第四住心において憂国《ゆうこく》公子《こうし》と玄関法師《げんかんほうし》との問答があることである。このようなドラマチックな筆致は『三教指帰』以来、空海の最も得意とするところであったと思われる。玄関法師は空海自身をモデルとしたことは容易に想像されるが、こうした国家と仏教、つまり王法と仏法との関係をめぐる一種の国家論を第四住心で取りあげたところが、われわれの注意を引く。つまり、第一住心から第三住心まではいわゆる世間三箇住心であって、世間世俗の思想を取り扱ったものである。そして、第四住心より仏教に移るから、この意味で、この第四住心は仏教の初入の門に当る。

十住心を大きく分けると、第一と第三までの住心は世間の住心、第四から第十までのそれは出世間《しゅつせけん》の住心である。当然のことながら出世間の仏教においては世間世俗の国家との接点が問題にならざるを得ない。このことは序頌の中に、「我、今、詔《みことのり》を蒙って十住を撰す」とあるように、淳和《じゅんな》帝の勅命によって撰進したから、空海はおそらく意識的に国家論を取り挙げたのではないかと推察される。

そのうちで、仏法と王法との調和について、憂国公子の問いに対して玄関法師は、まず、仏教には寛大なる悲門と厳粛なる智門とがあることをのべ、さらに、次のような答えが示される。

また世間の君主の法律と法の帝王である仏の判定したもう戒律とは、そのものは違っていても意味するところは通じるものがあります。法のままに制し治めれば得るところはたいへんなものです。法をまげて自分の思いに従えば罪過の報いはたいへん重いのです。世間の人々はこのわけを知りません。王法をよくきわめずして仏法をうかがおうとしません。愛憎に従って浮き沈みし、貴賤に従って、ものごとをおしはかっています。

このようにして世を治めているのですから、後の報いをどうしてまぬがれることができましょう。よくよくつつしまなければなりません。

これは王法と仏法とは一応異なっているが、王法のきわまるところは仏法であるとみて、正法国家の理想を思想的な根拠として発言し、王法批判をしていることが知られる。仏法は超国家的立場にたつものでありながら、それは王法をして正法たらしめるものでなければならない。

真言宗の鎮護国家観が後代になるにしたがって、王法に従属した仏法という観念に傾斜してくるが、空海の本意を正しく掬《く》みとる時、決してそうあってはならないことが知られる。

第六他縁大乗心から大乗仏教になる。したがって、第六住心は大乗の初入の段階に位置する。そして、ここで初めて衆生の存在が確認され、慈悲の教えが説かれていることはきわめて重要な意味をもつ。大乗は衆生の存在を基盤とし、慈悲の教えをもって一貫しているのが歴史的事実そのものでもあるからである。

第五抜業因種心を批判して、「人びとをいつくしむ大いなる慈愛を欠くから、救いのてだてを備えていない。ただ自分だけの苦悩をなくして、さとりを得る」という。そして、第十秘密荘厳心の最初の六韻の詩の冒頭に、「九種の住心はそれ自体の性をもたない。深くして妙《たえ》なる第十住心に移るべきものだから、皆、これらは第十住心の因である」と。これによると、第一より第九までの住心は因であり、第十住心のみが果である。かくして顕教と密教とは因果関係にあるわけだが、第九住心の末尾に『釈論《しゃくろん》』（釈摩訶衍論《しゃくまかえんろん》）が引用されて、極無自性といえども「こうしたすぐれたものでも根源的無知（無明）にとどまり、真のさとりの境位ではない」と断ずる。

そこで第十住心のみが法身《ほっしん》の教えであり、衆生本具《ほんぐ》の曼荼羅の世界が開示されたものである。したがって、因＝顕教と果＝密教との間には次元を異にした断絶があり、非連続の関係が認められる。九顕一密といわれるゆえんであろう。

第八、第九の実大乗《じつだいじょう》は現実的には天台《てんだい》・華厳《けごん》のいわゆる華天両一乗であるが、空海によれば、それらはことごとく理談であった。ことに華厳の世界は哲学としては最高位のものではあっても、いまだ真実の宗教的実践には及ばない。そこで密教は「もろもろの教えを越えて極致にして真実である」（『宝鑰』第十巻末尾）実践体系だと説かれているのである。

筆者はこれを「見るものから働くものへ」（「哲学」から「宗教」へ、または「理論」から「実践」へ）というように捉えたい。

実践はいうまでもなく一切衆生の三密成仏《さんみつじょうぶつ》の実践であり、その根底には「我心と衆生心と仏心との三つは差別がない。この心に住すれば、すなわちこれが仏道を修することである」（『弘仁遺誡《こうにんゆいかい》』）と誡められていることが知られなければならない。この事を銘記しなければ即身成仏は独覚《どっかく》のそれと同日の談とならざるをえないであろう。

『宝鑰』における十住心の所論はあくまでも衆生本具の曼荼羅、すなわち秘密荘厳心を開顕することを目ざしたものであった。だからこそ世間より出世間《しゅっせけん》へ、小乗より大乗へと進展し、さらに大乗より密教へと飛躍的な心品転昇《しんぽんてんしょう》が示されたのである、と思われる。

# 永遠への飛翔

虚空《こくう》尽き衆生尽き涅槃《ねはん》尽きなば、我が願いも尽きん。（『性霊集《せいれいしゅう》』巻第八）

弘法大師空海は天長九年（八三二）八月二十二日、高野山金剛峯寺《こんごうぶじ》において、もろもろの弟子とともに万燈万華会《まんどうまんげえ》をおこなった。万の燈明と万の花とを両部曼荼羅《りょうぶまんだら》・四種智印《ししゅちいん》（大曼荼羅・三昧耶曼荼羅・法曼荼羅・羯磨曼荼羅）に供養《くよう》する法会《ほうえ》である。

このとき、空海はこの法会を今後毎年おこない、あらゆるものの恩の恵みに奉答することを宣言し、「虚空尽き衆生尽き涅槃尽きなば、我が願いも尽きん」という永遠の誓願をたてたのであった。

その趣旨とするところは、仏界の諸仏、すべての人びと、はては空飛ぶ鳥や地上の虫類、水中の魚や林中のけものに至るまで、およそ宇宙法界《ほっかい》に存在する限りのありとあらゆるものは、すべてこれ我が恩の恵みである。したがって、これらのものが一つ残らず仏と同一の悟りに入ることを祈りつづけたい、というものである。
この広大無辺なる誓願こそ、まさに〝永遠への飛翔《ひしょう》〟。大師は今もおわしますなる入定信仰の原点にほかならない。

空海は類《たぐい》まれな宗教家であったばかりでなく、天性の詩人でもあった。彼の言葉には不思議な生命のリズムと、光り輝くイメージの炸裂《さくれつ》がある。それは躍動する言葉の曼荼羅だ。私たちの精神を、日常のくすんだ生活空間から、永遠の光と闇が交錯する無限の生命空間へと、いま飛翔させていく。

生まれ生まれ生まれ生まれて生の始めに暗く、死に死に死に死んで死の終りに冥《くら》し。
(『秘蔵宝鑰《ひぞうほうやく》』)

無始《むし》よりこのかた、あらゆる生きとし生けるものは、限りない生と死とをくりかえしてきた。そして……未来永劫のかなたに至るまで、生と死は尽きることがない。
わが生の始原はわれを生んだ父母も知らず、われもともより知るよしもない。わが死のゆくえとても同じことである。

空海の文言は、常に宇宙空間的な不可思議な響きを伝えている。『秘蔵宝鑰』は、『秘密曼荼羅十住心論《ひみつまんだらじゆうじゆうしんろん》』とともに空海の主著で、晩年五十七歳のときの作である。その冒頭の序詞の結びが、ここに掲げた言葉である。無明《むみよう》と明《みよう》。深い深い暗黒の無知の世界と永遠にかがやく光明の智慧の世界。この対極を凝視した空海は、人間存在の最も根源的な自覚において、自らを問うたのであった。生死の無自覚のままに、生死流転《しようじるてん》を無限にくりかえしている現実に対する、いわば永遠の嘆きが、そこにある。

もし自心を知るはすなわち仏心を知るなり。仏心を知るはすなわち衆生の心を知るなり。三心平等なりと知るをすなわち大覚《だいかく》と名づく。(『性霊集』)

生死の実相《じつそう》に暗く、我執にとじこめられ、煩悩のかたまりであるわれら。そうした無知の暗黒の世界を破り、わが心に射《さ》しこむ一条の光がある。空海はいみじくもそれを仏光とよんだ。たちこめる暗雲の間から地上に降りそそぐ強烈な太陽の光にもたとえている。

自らの心の本源は限りない光にみちている。かけがえのない生命と尊厳なる人間性。それはとりもなおさず仏心そのものである。だから空海はそれをわれらが内なる曼荼羅といった。

曼荼羅とは数限りもない仏菩薩らの集合している宗教的人格体である。曼荼羅は自らの心とすべての人びと(衆生)の心とを媒介している。すなわち、ここに自心と仏心と衆生心との三心平等を知るとき、偉大なる覚者(大覚)と名づけたのであった。わが心の本源に仏心を見出し、仏心において人びとのすべての心を発見した空海は、人びとに限りない慈愛の心をそそいでいる。

凡夫《ぼんぷ》の心は合《ごう》蓮華の如く、仏心は満月の如し。(『秘蔵宝鑰』)

われらのような世間のなみの者を凡夫という。凡夫は生死に暗く、人間としての真実の自覚に達していない。しかしながら、その本来のすがたは尊い仏性《ぶっしょう》をやどしている。そうした根源的な自覚は、やがて必ずや開顕されるにちがいない。

空海は、凡夫としてのわれらの幼い心を蕾《つぼみ》のふくらみをもった蓮華にたとえた。それはやがて、まぶしいばかりに見事に開花する。だから、仏性が開顕される可能性を誰ひとりとして持たないものはない。

大乗仏教の基本的な立場は、すべての者が宗教的な絶対の自覚を実現して覚者（仏）となり得る、という確信にある。

また、われらの未完成の心に対して、仏心は円満にして欠けるところがないので、完璧な点で満月にたとえられる。新月は日を追って満ちていき、やがて十五夜には皎々《こうこう》たる満月となる。同様にわれらの心もまた、まごうかたなく次第に成長していくのでる。


痛狂は酔《え》わざるを笑い、酷睡《こくすい》は覚者を嘲る。（『般若心経秘鍵《ひけん》』）

完全に狂っている者は、逆に正気の者を笑う。たとえば酒で本心を失ったときには、自らを正しいと思い、酔わない者を本物でないときめつけるようなものだ。

まさしく、その通りに、根源的な人間の自覚に達していないわれらは、これをもってよしとして、むしろ自覚した者をあざ笑うありさまである。

また、ひどく眠りこけている者のように、心の無知蒙昧な者は真実のさとりを得た者をあざける。

空海のような高い霊性の発言なればこそ、この言葉の限りない重い意味が感じ取れるように思われる。

空海は密眼《みつげん》をもって見よ、という。密眼とは、秘密の目である。それは深い根源的な自覚にもとづくところの光の目である。この光は無知なる者の見ることができない不思議な風光を明らかに照らし出す。密教の秘密の世界が、そこに広がっている。

心暗きときはすなわち遇《あ》うところことごとく禍《わざわい》なり。眼《まなこ》明らかなれば途《みち》に触れて皆宝なり。（『性霊集』）

人間としての根源的な自覚、仏性の開顕をめざして、われらは深い暗黒の無知の世界を破って、永遠にひかりかがやく光明の智慧の世界におもむかなければならない。

空海は、この事を暗きに背《そむ》き明《みょう》に向かう（背暗向明《はいあんこうみょう》）といった。何とよき言葉ではないか。人間誰しも深い苦悩の中にあって幸せを願い、光をもとめないものはないだろう。いまだ真実の自覚が開けず心の暗いときは、世界はそのまま暗黒である。だから、そこでは一つとして禍《わざわい》でないものはない。だが、ひとたび心の眼が開けたならば、どうか。すばらしいかな。路傍にころがる石さえも宝石なのである。そこには無限の価値の世界が展開している。

芸術、文学、哲学、宗教、すべてが内面的な価値実現をめざさないものはない。空海は、無限の価値実現の世界を図画によって曼荼羅として開示した。曼荼羅は価値実現の人間の限りない可能性を保証している。密教の象徴表現の秘密が、ここにある。

# 空海の言葉をたどって

日月空水《にちげつくうすい》を光《て》らす。
風塵《ふうじん》妨《さまた》ぐるところなし。
是非《ぜひ》同じく説法なり。
人我《にんが》ともに消亡《しょうぼう》す。
定慧《じょうえ》心海に澄ましむれば、
無縁にして毎《つね》に湯湯《しょうしょう》たり。（『性霊集《せいれいしゅう》』巻第一）

これは「山に遊び仙を慕う」という詩の一節である。

山中で静かに瞑想に入ったときの心境は、このようなものであると回想しているのである。太陽と月とが限りない大空と大海の水とをあまねく照らしだしており、そこにはどのようなけがれもその風光のさまたげになっていない。天地万有がことごとく光に満たされみち輝いているばかりである。良いことも悪いことも、道理にかなったことも道理にかなわないことであっても、すべてのものが本質的には真実なものとして存在しており、しかも、すべてのものが相対的な姿かたちをとって現われているところに、深い意味合いが認められる。したがって、われもひとももろともに、人間性の深みにおいては変わりないものであるから、その区別もなくなるものである。そこで、宗教的な瞑想と真実の智慧とがひとつに融けこんで心の海に澄みわたるならば、限りない慈悲にしたがって衆生を救護するために、実際活動が水の流れの絶えまないように流れ出すのである。

宗教的瞑想と真実の智慧とが相即融合すべきことは、古い初期仏典にも説かれている。

真実の智慧（般若《はんにゃ》）がないものには宗教的瞑想（禅定《ぜんじょう》）はなく、宗教的瞑想のないものに真実の智慧はない。真実の智慧と宗教的瞑想とをもつものは、まさに涅槃《ねはん》に近づく。（『法句経《ほっくぎょう》』三七二）

空海の入山禅定が、ただ自己一身のさとりのためのものでなかったことは、それが生涯における数限りない社会的・文化的諸活動となって現われていることによって知られるとおりである。名聞利養《みょうもんりよう》を離れた宗教的実践活動は、このように世俗否定的態度から出てきている。

桂嶺《けいりょう》の瀑布《ばくふ》幾《いく》ばくか兎《うさぎ》を溺《おぼ》らす。

禾《か》田《でん》の汱澮《けんかい》、牛を没するに堪《た》えたり。
青青たる草木、珠《たま》のごとくに葉を荘《かざ》り、
浩浩《こうこう》たる陂地《はち》、湛《たた》えること瑠《たま》のごとし。
農夫は也愁《またうれ》うることなかれ。
早く看《み》よ稑穜《りくとう》の苗老《なえお》いたりやいなや。
南畝芃芃《なんぽうほうほう》として苗稼緑《びょうかみどり》なり。
東皐《とうこう》いんいんとして謳鼓《おうこ》あつまる。
まず知んぬ、千箱《しょう》と万庾《ばんゆ》と坻《ち》のごとく
京《けい》のごとくして丘《きゅう》に似たり。（『性霊集』巻第一）

空海は五十一歳のとき（天長元年二月）、「雨を喜ぶ歌」という詩を詠んでいる。

空海は生涯においていくたびか雨請いをおこなった。こうした農耕に関する宗教的儀礼は、インド、中国の密教以来の伝統を受けついだものであって、空海は実際に農耕技術をさずけ、築堤をおこなうとともに雨請いの修法をおこなったのである。旱天《ひでり》の原因が間接的には人びとの宗教心の欠如にあるとするところに、当時の宗教が生活技術の一環として社会的に重要な役割を果していたことが認められる。米作農耕民族にとって水は生命である。モンスーン風土のインドにはギリシャのタレースのように水を万物の根源とする服水《ふくすい》論師《ろんじ》があって、水の哲学を説き、また『法華経』の「薬草喩品《やくそうゆぼん》」などには雨期の壮大きわまりない雨の光景が描かれているが、わが国の場合でも稲作農業を主とするので、水は農耕と不可分の関係にあったことはいうまでもない。空海の「大和《やまと》の州益田《くにますだ》の池の碑の銘」という詩にも、万物はすべて水の大きな無限の恩恵《めぐみ》をこうむっているのであって、あらゆる草木も生類も、生きとし生けるものすべてが水によって生命をたもち生長することができる、と詠《うた》われている。それは真言密教の教理においても示されている。

一切の色法《もの》は水能《よ》く生じ能く持《じ》す。一切天人及び傍生《ぼうしょう》大身小身の有情《うじょう》、皆な是れ水大《すいだい》の生ずるところ、水輪の持するところ。(『大日経疏宥快抄《だいにちきょうしょゆうかいしょう》』巻四〇ノ三)

さて、空海の詩は、およそこのような意味である。祈雨《きう》によって沛然《はいぜん》と雨がやってきた。高山の嶺《みね》から落ちる滝は谷々の雨水をあつめて流れ落ちあふれて、兎《うさぎ》など山野の小さな動物を溺らせるほどであり、稲田の溝《みぞ》は牛のような動物でも没するほどに水が満ちあふれた。青々と草木はしげり、葉末は露をやどして珠玉のように輝き、ひろびろとした貯水池の面は水をいっぱいにたたえて、まるで瑠璃《るり》の玉のように美しく光り輝いている。農夫よ、もう心配しないでよい。早稲《わせ》も晩稲《おくて》もすべて、苗は枯死をまぬがれた。南のうねの稲はよく生長して青々としている。豊年の前祝いであろうか、東の方の田では太鼓を打って田歌をうたっているのが響きわたってくる。非常に沢山の米倉には、小島のように、また高地や小丘のように米俵が積まれて、豊年であることは、まず疑いないであろう。

わが国の真言密教が日本の土壌にしっかりと根を下ろして発展しえた大きな理由のひとつは、空海がこのように農耕民の生活の利害関係と直接むすびついた宗教活動を行なったところにあることはいうまでもないが、「大師信仰」に今もなお庶民の生活感情がこめられているのも、またこのようなところに由来しているのである。

それ諸仏の事業《じごう》は大慈《だいじ》をもって先とし、菩薩《ぼさつ》の行願《ぎょうがん》は大悲《だいひ》をもって本《もと》とす。

慈はよく楽をあたえ、悲はよく苦をぬく。

抜苦与楽《ばっくよらく》の基《もとい》、人に正路《しょうろ》を示す、これなり。

いわゆる正路に二種あり、

一には定慧《じょうえ》門、二には福徳《ふくとく》門なり。(『補闕抄』巻第八)

これは、空海が金剛峯寺《こんごうぶじ》に二基の仏塔と胎蔵《たいぞう》・金剛《こんごう》界の両部曼荼羅を建立するに際しての願文「勧進して仏塔を造り奉る知識の書」の中にある文章である。仏塔崇拝は、古い時代にインドでは塔をもって仏陀《ぶつだ》を表示するものとみる大衆部《だいしゅぶ》などの仏教の一派から起こり、それが大乗仏教となるもとであり、また諸仏菩薩の集会《しゅえ》の図である曼荼羅は、密教の教えと行ないとの根本となっている。

法身大日如来の教えを説く真言宗は、いわば仏絶対主義ともよぶべき立場をとる以上、仏塔および曼荼羅を崇拝するのも当然のことであろう。現に、高野山の壇場《だんじょう》は、他の土地にくらべて一段と高い場所に設定され、その中心には根本大塔《こんぽんだいとう》が建てられている。

仏（目ざめたもの）の働きは何よりもまず大慈にあり、菩薩（道をもとめるもの）は大悲をもって他の者を救おうとする誓いを心に深くいだいている。普通、わたくしたちは慈悲といっているが、慈というのは人びとに積極的に幸福を与えてやろうとする愛の働きであり、悲というのは人びとの苦悩や不幸《ふしあわせ》をとりのぞいてやろうとする愛の働きである。このように、慈と悲とは区別されるものであるが、いずれにしても、これらの慈悲の働きの根拠は人びとに正しい道を示すことにある。仏教でいう正しい道というのは、定慧《じょうえ》と福徳《ふくとく》との二つの部門に分けられている。定慧は、宗教的な正しい瞑想と宗教的な智慧との意。これら二つはおたがいに働きあうことによって、それぞれが高められるものであって、そのことは古い初期仏典にもくりかえして説かれている。が、宗教的な瞑想の力によって宗教的英知がより高め深められるのであって、これは日常的な経験的認識とも異なるものであるから般若波羅蜜《はんにゃはらみつ》（真実の智慧）とよんでいる。宗教的な瞑想は精進《はげみ》の力によってえられるもの。福徳というのは、布施《ほどこし》・持戒《いましめ》・忍辱《たえしのび》を実行することである（『大智度論《だいちどろん》』第十五の解釈による）。定慧は自分のためのもの。福徳は他の者のためのおこないであり、かつこれによってえられる自他の幸福を意味する。だから、道をもとめるもの（菩薩）のおこないは、すべてこれら定慧と福徳との二門にまとめられている。空海は、この二門を一般の場合とすこしちがったように解釈している。定慧というのは、正しい真理の教えを示すことであり、福徳というのは、仏塔を建立し、仏像を造立することである。仏塔や仏像をつくること自体に布施《ほどこし》・持戒《いましめ》などの徳が認められ、こうした宗教的行為をただ形式的な外部の行為とみずに、そこに道徳的価値の実現、ひいては宗教への高まりを見出したのは、密教の大きな特質の一つである。

然《しか》りと雖《いえど》も、冬天《とうてん》に暖景《だんけい》なくんば、
則《すなわ》ち梅麦《ばいばく》何をもってか華《はな》を生ぜん。
法を守りて盗《とう》を賞《しょう》せずんば、
則ち秦人《しんひと》何をもってか美を流さん。　（『性霊集』巻第四）

これは、元興寺《がんごうじ》の中璟《ちゅうけい》が仏者にあるまじき罪を犯したとき、弘仁五年（八一四）七月二十六日、空海はみずから筆をとって、この大罪を赦《ゆる》し給わんことを、嵯峨帝に上表した。その「元興寺の僧中璟が罪を赦されんことを請う表一首」という上表文の一節である。

世道人心を直《なお》くして刑罰を厳正ならしむることは為政者の当然の道である。しかし、寒さのきびしい冬の日であっても、時折は暖かくておだやかな日が訪れないならば、春がやってきてどうして梅や麦が花をほころばせることができようか。

昔、中国で秦の繆公《ぼくこう》（『史記』参照）が法を厳正にするのあまり、もしも自分の馬を盗んだ者を憎んで厳罰に処してしまったならば、おそらく繆公はかえって自分の身を亡ぼし、そして後代に立派なその高名も伝えられるに至らなかったことであろう、と。

過《とが》をゆるして新たならしむる、これを寛大といい、
罪をなだめて臓《ぞう》をいるる、これを含弘《がんこう》と称す。
苦を見て悲しみを起こすは、観音《かんのん》の用心。
危きを視《み》て身を忘るるは、仁人《じんじん》の務むるところ。　（『性霊集』巻第四）

これも同じく上表文の一節である。

人のあやまちをゆるして、その人をして奮起一番、一新させることを「寛大」（心が広びろとしてゆるやかなこと）というのである。

また、罪を犯した者をなだめて、よくその間の事情を知っていながらも、これをゆるしてやるのを「含弘」（すべてのものを包容して、そのものの本当の価値を生かしてやること）と

いうのである。人びとの苦悩しているありさまを見ては、深い悲しみの愛をいだくのは、観世音菩薩の抜苦《ばつく》与《よ》楽《らく》（苦しみを取りのぞき楽を与えること）の誓願心にも匹敵するほど尊いものなのである。また、人びとの危難をみては、己《おの》が身の危きをもかえりみず、直ちに救いの手をさしのべてやるのは、人の道にかなった立派なひとのみがなしうるところである。――それゆえ、帝には、どうか中璟《ちゅうけい》の罪一等を免じていただきたい――。

世の中に完全無欠の善人もおらなければ、反対に、全くの悪人もいないはずである。他人または過去の人間に対する厳しいさばき、それはやがて自らが受くべきさばきとなるものである。もし、この世にゆるしがなかったならばどうなるであろうか。ゆるしがあればこそ、自他ともに唯一の救いの道がひらけている。他をさばく者、自ら正義の徒をもって任じている者に、非難や批判の声がないからとて、けっして自己の言動の正当性を自認してはならない。

この詩は、空海の人間性がもっともよく、映し出されているように思われる。

# 空海の密教用語について

## 即身成仏とは何か

空海密教の実践体系は、まさしく即身成仏《そくしんじようぶつ》にある。即身成仏とは何か。
入唐《につとう》帰朝直後、大同元年（八〇六）十月二十二日付で、空海は『請来《しようらい》目録』を判官高《たか》階真人遠成《しなのまひとおなり》に託して、献上した。その目録に添えられた「新請来の経等の目録をたてまつる表」に、次のようにある。

幸《さいわい》に国家の大造、大師の慈悲によって、両部《りようぶ》の大法を学び、諸尊の瑜伽《ゆが》を習う。この法はすなわち諸仏の肝心、成仏の径路なり。

これによって、空海の伝えた『金剛頂経《こんごうちようぎよう》』系と『大日経《だいにちきよう》』系の両部の大法が、まさに諸仏の肝心、成仏の径路であることを明確にのべている。

そして、『請来目録』の巻末で、「早く郷国に帰ってもって国家に奉り、天下に流布して蒼生《そうせい》（＝人びと）の福を増せ。しかれば、すなわち四海泰《やす》く、万人楽しまん」という恵果《けいか》の遺言を伝え、ついで、西北インドのカシュミール出身の般若三蔵《はんにゃさんぞう》が空海に告げた「伏して願わくは、縁をかの国に結んで元元《げんげん》（＝人びと）を抜済《ばっさい》せんことを」という言葉を記している。

空海が師事した恵果阿闍梨《あじゃり》と般若三蔵とは期せずして、密教があらゆる人びとのためのものであることを説いている。そこで、空海はこれらの文言のあとで、顕教と密教との違いを明らかにする。すなわち仏教はひろくして限りないものであるが、一言でいえば自利と利他とである。福徳と智慧とをかね修め、禅定《ぜんじょう》と智慧とをならびに実践して、他の者たちの苦を救い、自らの楽を取るべきである。その際、禅定をおさめるのに遅速がある。顕教はこの世界のすべてが心の現われであるという理法を観想するのに対し、密教は身密《しんみつ》・口密《くみつ》・意密《いみつ》の三密《さんみつ》を実践する。顕教はさとりを得るのに無限の時間をかけるのに対し、密教はまさに「頓《とん》が中の頓は密蔵これに当れり」というように、直ちにさとりが得られるのである、と。

これは成仏の遅速をめぐって顕教と密教とを区別したものである。要するに『請来目録』にすでに、即身成仏の実現をめざす実践体系が密教であることを明確にのべていることが知られる。

即身成仏について、空海は『即身成仏義』一巻を著わしている。そのなかに即身成仏頌《じゅ》がある。二頌よりなり、前半頌は即身の二字をたたえ、後半頌は成仏の二字をたたえたものであると、空海はいっている。

『即身成仏義』では初めに二経一論にもとづく即身成仏の八つの証拠となる文言を引用する。そのうち、龍猛《りゅうみょう》の『菩提心論《ぼだいしんろん》』に「真言法のうちにのみ即身成仏するが故に」とあるように「即身成仏」の語はこれにもとづくものであると思われる。（他には不空訳『宝悉地《ほうしつじ》成仏陀羅尼経《じょうぶつだらにきょう》』、同じく『如意宝珠転輪秘密現身成仏金輪呪王経』などに「即身成仏」の語がしばしば用いられている。これらはいずれも『請来目録』には不載である。）

さらに、『菩提心論』の「もし人、仏慧を求めて菩提心《ぼだいしん》に通達すれば、父母所生《ぶもしょしょう》の身に、速かに大覚《だいかく》の位を証す」の引用文をもって証拠となる文言をむすんでいる。

即身成仏の即身は密教の世界像に基礎づけられている。地・水・火・風・空・識の六大《ろくだい》よりなる宇宙存在、全体としての大曼荼羅、個としての象徴体系である三昧耶《さんまや》曼荼羅、現象即言語ともいうべき言語体系としての法曼荼羅、質料および活動体系としての羯磨《かつま》曼荼羅、の四種曼荼羅の特相、身密・口密・意密の三密の活動作用、これらはそれぞれに、もしくは相互的に密接不可分の関係にある。本体と特相とのそうした関係性が即身の即といわれ、三密の活動作用が相応することによって、この身のまま速やかに法身・報身・応身の三身仏を実現し、証得するのが、即身の意味するところだとする。つまり、即身とは

「ただちに、すみやかに、この身のまま」を意味する。

即身の身というのは、我身・仏身・衆生身である。また、自性《じしょう》・受用《じゅゆう》・変化《へんげ》・等流《とうる》の四種法身の身、仏の三種身である字・印・形《ぎょう》をも身という。

「かくのごとき等《とう》の身は、縦横重重にして鏡中の影像と燈光との渉入《しょうにゅう》するがごとし。かの身すなわちこれこの身、この身すなわちこれかの身、仏身すなわちこれ衆生身、衆生身すなわちこれ仏身なり。不同にして同なり、不異にして異なり」とあるように、即身の身が仏身と衆生身（我身をふくむ）との関係において捉えられていることが認められよう。

即身成仏の実現は、これを一言でいえば三密の実践にあるといえる。三密には法身の三密と衆生の三密とがあり、これが相応して、法身と衆生との関係性における加持《かじ》がある。これを三密加持という。

「もし真言行人《しんごんぎょうにん》あって、この義を観察《かんざつ》して、手に印契《いんげい》をなし、口に真言を誦《じゅ》し、心、三摩《さんま》地《じ》に住すれば、三密相応して加持するが故に、早く大悉地《だいしつじ》を得《う》」とあるように、手に仏の印を結び、口に仏の言葉である真言を唱え、心を仏の境地である瞑想の世界に住するとき、三密加持して即身成仏が実現されるというのである。こうした三密は有相《うそう》の三密といわれ、日常的な実践行としての三密は無相の三密という。

即身成仏頌の後半頌は成仏を説き明かしたものである。成仏は「仏に成る」というのではなく、現等覚《げんとうかく》すなわち、あるがままに見る完全なさとりそのものを意味することを断わっておきたい。

## 十住心と六大

われわれの心の世界は限りなく展開し発展してゆく可能性をもつ。それをかりに十段階に分けたのが十住心である。

十住心の体系は、空海の『秘密曼荼羅十住心論《ひみつまんだらじゅうじゅうしんろん》』（略称『十住心論』）十巻と『秘蔵宝鑰《ひぞうほうやく》』三巻とで、これを説いている。前著は広論、後著は略論とよばれるように、広略の関係にあるところの双璧の主著である。

十住心の体系は密教の実践体系そのものであり、心の世界の発達を解明している点で、精神史を形成している。と同時に、その内容は歴史的にみた思想の展開が看取される。低次元の思想より高次元の思想へと。その点、わが国では他に類書をみない壮大な思想の構図が描かれている。

さて、各住心については、『秘蔵宝鑰』の序論に韻文でまとめがある。その住心名を現代語訳で示すと次のとおりである。

第一住心＝異生羝羊心《いしょうていようしん》——倫理以前の世界。

第二住心＝愚《ぐ》童持《どうじ》斎心《さいしん》——倫理的世界。
第三住心＝嬰童無《ようどうむ》畏《い》心《しん》——宗教心の目ざめ。
第四住心＝唯蘊無《ゆいうんむ》我《が》心《しん》——無我を知る。
第五住心＝抜業因種心《ばつごういんじゅしん》——おのれの無知を除く。
第六住心＝他縁大乗心《たえんだいじょうしん》——人びとの苦悩を救う。
第七住心＝覚心不生心《かくしんふしょうしん》——一切は空である。
第八住心＝一道無《いちどうむ》為《い》心《しん》——すべては真実である。
第九住心＝極無《ごくむ》自性心《じしょうしん》——対立を超える。
第十住心＝秘密荘厳心《ひみつしょうごんしん》——無限の展開。

この十住心体系には、その当時の世界思想史が織りこまれている。第一住心は動物精神の段階で、まだ人間としての自覚に到達する以前の世界である。第二住心は儒教思想、仏教の戒律思想が説かれ、第三住心は老荘思想、バラモン教の生天思想、インドのヴァイシェーシカ哲学説やサーンキヤ哲学説などが紹介される。第四住心は声聞《しょうもん》乗、第五住心は縁《えん》覚《がく》乗で、これらは初期仏教ないしアビダルマ（＝部派）仏教に相当する。これらの小乗《しょうじょう》に対して、第六住心以下は大乗《だいじょう》である。第六住心は法相《ほっそう》宗、インドの唯識《ゆいしき》派、第七住心は三《さん》論《ろん》宗、インドの中観《ちゅうがん》派に相当する。つまり第六、第七はインド大乗仏教の二大学派をふくむ。第八住心は天台宗、第九住心は華厳《けごん》宗であるから、これらは中国仏教を代表する二大宗派である。第十住心は中国およびわが国に伝来した最新の大乗仏教、すなわち密教である。

第一より第九までは顕教、第十は密教であるが、両者を区別するのが『秘蔵宝鑰』であり、顕教をすべて密教の顕現とみるのが『十住心論』の立場である。

六大の大は大種の略で、地・水・火・風・空・識はいずれも宇宙に大きく広くひろがっているので、大なる原質（大種）とよばれる。

六大はいくつかの象徴的な表現をもってあらわされる。

また六大は生ずるところのもの（＝能生《のうしょう》）と、生ぜられるところのもの（＝所生《しょしょう》）とがある。「六大よく一切を生ずることを表《あらわ》す」（『即身成仏義』）と説かれるように、宇宙万有は六大より生じたもの、すなわち六大より成るものであるから、生ずるところの六大と生ぜられるところのものとはもとより一者である。生ぜられるところのものとは、絶対者である四種の法身《ほっしん》（自性法身・受用法身・変化法身・等流法身）・衆生世間《しゅじょうせけん》と器世間《きせけん》と智正覚世間《ちしょうがくせけん》の三種世間である（衆生世間は生けるものの世界、器世間は生けるものの住するところで、自然界、智正覚世間はさとりの世界）。

要するに、いかなるものといえども六大以外のものではあり得ない。したがって、六大を法界体性《ほっかいたいしょう》であるとする。法界体性とは全宇宙の究極的実在を意味する。

さらに『即身成仏義』によると、顕教では地・水・火・風の四大もしくは地・水・火・風・空の五大は物質存在であるとするのに対して、密教は絶対者である如来を象徴するもの（三昧耶身《さんまやしん》）であるとする。地などがたんなる物質存在でないという論拠は、地などの物質は識大《しきだい》とよばれる精神を離れてはあり得ず、物質と精神とは異なってはいるが、その本性は同じである。物質はそのまま精神であり、精神はそのまま物質であって、さわりなく、さまたげなきものである。また、一切を生ずるところのものである六大と、生ぜられるところの一切という区別の名称もみなこれは秘密の称号《しょうごう》である。

このようにして、六大を全宇宙の究極的実在として、それよりなるところのすべてのものは永遠不変であって、実在の極限にある。

絶対者である法身が永遠に真理を説いているという、いわゆる法身説法が密教の法身説を特徴づけている。空海の『声字実相義《しょうじじっそうぎ》』は法身説法を理論的に論証するための目的をもって書かれたものである。そのなかに、次の頌がある。

五大にみな響《ひびき》あり　十界に言語を具す
六塵《ろくじん》ことごとく文字なり　法身はこれ実相なり

さきにみたように顕教の五大は物質存在にすぎないが、密教の五大とはア（a）・ヴァ

(va)・ラ(ra)・ハ(ha)・カ(kha)の五字で象徴し、大日・不空成就《ふくうじようじゆ》・宝生《ほうしよう》・弥陀《みだ》・阿《あ》閦《しゆく》の五仏、曼荼羅の諸尊である。そして、一切の音響は五大を離れることなく、五大は声《しよう》の本体であり、音響は作用である。「五大にみな響あり」というのは、だから一切の存在するところのものにはすべて言葉があることを意味する。だから、十界すなわち一切仏界・一切菩薩界・一切縁覚界・一切声聞界・一切天界・一切人界・一切阿修羅《あしゆら》界・一切傍《ぼう》生《しよう》(=畜生)界・一切餓鬼《がき》界・一切捺落迦《ならか》(=地獄)界の十界にはそれぞれの言語がある。

また、言語の根源は絶対者たる法身であり、それより世間に流布している一切の言語となる。

六塵は色《しき》・声・香・味・触《そく》・法(=思考の対象)で、これらもすべて文字である。

法身は真実のありのままのすがたであるということ、すなわち永遠に真理を説きつづけていることを意味する。

以上は『即身成仏義』『声字実相義』によって、その趣旨とするところを紹介してみたわけである。

要するに、五大もしくは六大は顕教では物質存在とか精神として個別的に説かれているにすぎないが、密教はそれらよりなるところのものに宗教的人格体を認め、この宇宙法界をことごとく言語表現として、あらゆるものに意味の世界を見出しているところに特色がある。

## 四曼と三密

四曼《しまん》というのは、四種曼荼羅の略称。空海は『即身成仏義』で、『大日経』巻六、本尊《ほんぞん》三昧品《さんまいぼん》の「一切如来に秘密身あり。いわく、字・印・形像《ぎょうぞう》なり」という文言を引用し、字とは法曼荼羅、印とは種々の幖幟《ひょうじ》(=象徴)で三昧耶《さんまや》曼荼羅のこと、形《ぎょう》(像)とは相好具《そうごうぐ》足《そく》の身で、大曼荼羅のことであり、この三種の身にそれぞれ威儀事業《いぎじごう》をそなえているので、これを羯磨《かつま》曼荼羅というと注解している。

さらに、『金剛頂経』(『般若理趣釈』『十八会指帰《じゅうはってしいき》』『都部陀羅尼目《とぶだらにもく》』)によって四種曼荼羅を説明する。大曼荼羅は一々の仏菩薩の相好の身で、そうした形像を綵画《さいが》したもの、また五相成身観《ごそうじょうしんがん》(①通達菩提心 ②修菩提心 ③成金剛心 ④証金剛身 ⑤仏身円満)の瞑想で、これを大智印と名づける。三昧耶曼荼羅は、仏菩薩などの所持する幖幟(刀剣、輪宝《りんぽう》、金《こん》剛杵《ごうしょ》、蓮華など)の類い、またそれらを描いたもの、さらに手指を組み合わせた印契《いんげい》である。これを三昧耶智印と名づける。法曼荼羅は本尊の種子《しゅじ》・真言《しんごん》であり、またその種子の字をそれぞれの本位に書いたもの、その他、本尊の瞑想やすべての経典の文字意味など。これは法智印と名づける。羯磨《かつま》曼荼羅とは仏菩薩などの種々の威儀事業、あるいは鋳造、捏造《ねつぞう》など。これを羯磨智印と名づける。

これらの四種曼荼羅はそれぞれ不離の関係にあって、宇宙空間と光とがさまたげることなく融《と》け合っているのにたとえられる。

空海が四種曼荼羅を解説するのに『大日経』と『金剛頂経』を援用しているのは、もとより空海密教が金胎《こんたい》の両部にもとづいていることを明示したものである。

大曼荼羅は形態あるすべてのもの、宇宙の全体像であり、造型化されたもの、たとえば仏菩薩や曼荼羅に描かれた形像《ぎょうぞう》。

三昧耶曼荼羅の三昧耶は全体を表示する部分、個別相で、象徴体系。造型化された仏菩薩などの所持するもの、あるいは器物など。

法曼荼羅の法は本来、存在するものを意味するが、密教の立場では存在するものはそのまま言語表現であるとするから、あらゆる言語文字の世界は法曼荼羅であり、仏菩薩などの種子・真言、一切の経典などが、これに相当する。

羯磨曼荼羅の羯磨は活動、作用を意味する。この一切を活動し作用しているものとして捉えることができるが、宗教的人格体として表現された仏菩薩などの動作やさまざまなはたらき、すなわち威儀事業が、これである。また仏像を制作する場合の素材、すべての質料をも羯磨曼荼羅という。

大曼荼羅を宇宙の全体像とすれば、他の三種の曼荼羅はその全体像の特殊相とみることができる。その際、羯磨曼荼羅は身密、法曼荼羅は口密、三昧耶曼荼羅は意密に配当することが可能であるとされる(金岡秀友博士『密教の哲学』九五頁)。

古期ウパニシャッドや初期仏教以来、人間の全行為を身《しん》・口《く》・意《い》の三業《さんごう》に分類して説いている。身業は身体のはたらき、行動であり、口業は言語活動、意業は精神活動である。しかるに、密教では三業といわずに、必ず三密という。身密は身体の秘密、口密(語密ともいう)は言葉の秘密、意密は心意の秘密である。三密には絶対者である法身の三密とわれわれ衆生の三密とがある。法身の秘密は容易にうかがい得ないから、衆生の秘密はみずから秘しているもの、すなわち法身の秘密と本質的にまったく同じであるにもかかわらず、いまだ自覚していないので衆生自秘というのである。

本尊のとおりに真言の実践者が手に印契を結び、口に真言を唱え、本尊と同じ瞑想の境地に住することによって、本尊の三密とみずからの三密とが相応して加持《かじ》がはたらく。

空海は、「加持とは、如来の大悲と衆生の信心とを表《あらわ》す。仏日の影、衆生の心水に現ずるを加といい、行者の心水よく仏日を感ずるを持と名づく」(『即身成仏義』)という。これは、もっとも端的に加持の本義を明らかにしている。如来すなわち絶対者である法身の加持力がわれわれ衆生に加わるのであるが、その場合、われわれが加持力をどのように受けとめるか。この問いに対して、空海は加持を加と持に分けて明快に説いている。これはサンスクリットのアディシュターナ（adhiṣṭhāna）をアディ（adhi）とスターナ（sthāna）に語分解して得られる語義でもある。

即身成仏を三密成仏というのは、右のように三密の実践による成仏の実現をめざすという、具体的な実践体系にもとづく名称であることはいうまでもない。

印契《いんげい》・真言《しんごん》・三摩地《さんまじ》（瞑想）という相《かたち》をとった三密はいわゆる有相《うそう》の三密で、かつて如来がなしたもうたとおりに実践する、それはいわば永遠回帰である。これに対して、日常の生活における起居動作が身密、一切の言葉、言語活動が口密、一切の精神活動が意密となるとき、これは三密の生活化であって、無相の三密である。現実における密教の実践行という視点からすれば、有相より無相へというのが合言葉とならざるを得ない。

# Ⅳ

# 空海の聖地

# 霊場・高野山

## 高野山開創の動機

弘法大師空海が開創した高野山《こうやさん》は、和歌山県伊都《いと》郡高野町に所在し、海抜千メートル級の紀州長峰山脈中にある数個の群峰からなっている。古く『応神紀』に、伊都の地名がみえており、養蚕の盛んな土地であると伝える。高野山は十津川をはさんで大峰山脈と対し、またその東方には吉野山がある。大峰も吉野も、古くから修験《しゆげん》の聖地として知られていた。とくに吉野には、空海より少し前に自然智宗《じねんちしゆう》という山岳仏教の一派があり、空海と親交のあった護命《ごみよう》もかつて月の半分はここにはいって求聞持法《ぐもんじのほう》を修したと、『続日本後紀』にある。空海の青年時代の著作『三教指帰《さんごうしいき》』の序にも、「一沙門《しやもん》より求聞持法を授って、それを修行した」とある。この修行は虚空蔵菩薩《こくうぞうぼさつ》の真言百万遍《しんごんひやくまんべん》をとなえる苦行である。おそらく空海は、こうした修行者のグループに身を投じたのであろう。

弘仁七年（八一六）六月、空海は嵯峨天皇に高野山の地を賜わりたいと上表した。そのなかで、こういっている。

> 空海少年の日、好んで山水を渉覧《しょうらん》せしに、吉野より南に行くこと一日にして、更に西に向かって去ること両日程《りょうじってい》、平原の幽地《ゆうち》あり。名づけて高野《たかの》という。計《はかり》るに、紀伊の国伊都《いと》の郡《こおり》の南に当る。四面高嶺《こうれい》にして人蹤蹊《じんしょうみち》絶えたり、今、思わく、上《かみ》は国家の奉為《おんため》にして、下《しも》はもろもろの修行者の為に荒藪《こうそう》を芟《か》り夷《たいら》げて、聊《わず》かに修禅《しゅぜん》の一院を建《こん》立《りゅう》せん。(『続遍照発揮性霊集補闕抄』巻第九)

吉野を起点としているから、空海は奈良または吉野より出発したのであろうか。いったん南下して西に引きかえすようなコースのとり方は、山岳修行者の走法として古くから知られている、それである。

さらに高野山開創の直接の動機は、このときの上奏文に付して側近の主殿助《とのものすけ》布勢海《ふせのあま》あてに差出した手紙に明らかである。それによると、唐から帰朝の船中で、海が荒れたのでぶじ帰国できたならば、修禅の一院を建立して報いることを神明《しんめい》に誓った。その誓いを果たしたいので、今度ぜひ高野山を開創したいという趣旨のものである。

## 千年にわたった〝女人禁制〟

翌七月に勅許《ちょつきょ》があって、空海はとりあえず弟子の実慧《じちえ》と泰範《たいはん》を派遣した。おそらく、山の実地踏査を目的としたものであったと思われる。空海入滅《にゅうめつ》後の元慶七年（八八三）に弟子の真然《しんねん》は陽成《ようぜい》天皇に、この山に登る者はいかなる罪障もたちどころに消滅すると答えている。これがのちに、高野浄土の信仰となるのである。

延喜二十一年（九二一）十月、空海に弘法大師の諡号《しごう》が下り、観賢《かんげん》が勅許をたずさえて登山した。その後まもなく一世紀近く山上は衰微したが、長和五年（一〇一六）に祈親《きしん》が登山して、奥の院の復興に着手した。このころから高野山も浄土思想の影響を受けて、高野浄土の信仰は藤原貴族たちの間にもひろまっていった。治安三年（一〇二三）十月に藤原道長が登山参拝し、永承三年（一〇四八）に同じく頼通《よりみち》が登山して復興の援助をしたごときが、それである。

また、白河・鳥羽《とば》両上皇をはじめ、性信《しょうしん》・覚行《かくぎょう》・覚法・聖憲《しょうけん》らの親王の登山、帰依《きえ》があって、次第に京から高野山への参詣道が形成されていった。後白河法皇撰『梁塵秘抄《りょうじんひしょう》』巻二に、「大師の住所はどこどこぞ、伝教慈覚《でんぎょうじかく》は比叡の山、横河《よかわ》の御廟《みびょう》とか、智証大師は三井寺にな、弘法大師は高野の御山にまだおわします」とある。空海は肉身のまま永遠にいまして、今なお人びとを救済しているというのであり、これを大師入定《にゅうじょう》の信仰という。

鎌倉時代になると、いまの奥の院のほとりに一庵をかまえて、念仏三昧《ざんまい》の生活をおくる者が多くなり、山上は念仏の声、鉦鼓《しょうこ》の音でみたされるようになった。また半僧半俗のままで廻国して、霊場高野山を説く者が現われてきた。総じてかれらを高野聖《こうやひじり》とよんでいる。

今日、高野山一《いち》の橋《はし》から奥の院まで無数の墓石群があるが、そのもとは高野聖たちの勧進遊行《かんじんゆぎょう》によって出来あがったものである。江戸時代になると、諸大名のほかに一般庶民の墓も増え、高野山参拝が流行するようになってきた。

そのため、いつの時代からか、高野山に登る多くの道が整備された。高野街道・京街道・竜神街道・熊野街道・大峰街道・大和街道の六つの街道が栄えた。そして山内への入口は、高野街道の西口、京街道の不動口、竜神街道の湯川口、熊野街道の相之浦《あいのうら》口と大滝口、大峰街道の東口、大和街道の粉撞《こつき》口があった。

これを高野七口《ななくち》といい、それぞれの入口には女人堂《にょにんどう》がある。明治五年（一八七二）三月まで、開創以来千年にわたって女人禁制だったので、女性の参拝者は女人堂に参籠《さんろう》して奥の院を遥拝《ようはい》したのであった。今は不動口に女人堂がひとつ残っているだけである。

明治の解禁後も、山上へ通ずるおもな道路は、大門街道・大阪街道・旧熊野街道・大峰街道の四つがまだあった。各入口には札場《ふだば》があり、山内の禁制が記され、録人衆というものがいて、参詣人、とくに婦人の入山に関して取締役を勤めていた。また、この七口を連絡し、高野山をかこむ山々の尾根をたどって、ほそぼそと続いているのが、いわゆる高野の女人道《にょにんみち》である。

## 近代から現代へ激しい変貌

大門街道はかつての高野街道で、もっとも古く、高野山へ通ずる本道として、山麓にある九度山《くどやま》慈尊院から大門を経て奥の院に通じていた。これは町石道《ちょうせきみち》ともいう。慈尊院が高野山の政所《まんどころ》であったので、ここから高野山の地主神《じぬしじん》を祭る天野《あまの》の丹生都比売《にうつひめ》神社（丹生大社）の近くを通って山へ登るのであって、昔の表参道である。

高野山の金堂を中心に、慈尊院まで百八十町の間に百八十本の石造の塔婆《とうば》が建てられている。これは真言密教の曼荼羅《まんだら》中の金剛界百八十尊にかたどったもの。また金堂より奥の院までの三十六町の間に三十六本の石塔婆がある。このほうは金剛界三十六尊をあらわす。わが国で一里を三十六町とするのは、これに由来するといわれる。

大阪街道は、京都・大阪方面からの登山者が利用した。この街道は明治大正時代が全盛で、明治二十年（一八八七）ころには、参詣者の三分の二はこの街道から登ったようである。さらに、京街道も古くから栄えた。これは、紀ノ川を渡って学文路《かむろ》から河根《かね》、または高野口から九度山《くどやま》を通り、神谷《かみや》・極楽橋《ごくらくばし》をへて不動坂を登って山上に至る。

今では、この街道のある渓谷ぞいに登山電車が通っていて、極楽橋から山上までケーブルがついている。また近年、橋本・九度山から、電車道に並行して西高野街道と交錯しながら大門に至る、高野有料道路も開発された。

かつて高野山への参詣者たちが通って踏みかためた街道は人影もなく、雑草の生い茂るがままにすっかり荒れ果ててしまっている。大阪の難波駅から、南海高野線の電車で極楽橋まで到り、さらに、ケーブル高野山駅に到着する。有料道路が出来てから、年間の登山者は百万人以上といわれている。

山上は、東西約五・五キロ、南北約二・五キロ、周囲十数キロの小盆地になっている。その西の端には豪壮な大門がそそり立っていて、ここからの眺望はすばらしい。起伏する山なみのかなたに、晴れた秋の日などには淡路島が見える。東の端には、摩尼《まに》・楊柳《ようりゅう》・転軸《てんじく》の三山にかこまれた奥の院がある。その参道二キロの間には千年杉の間にぎっしりと墓石が立ちならび、その数は二十五万といわれるが、正確な数はわからないほどである。

かつて明治二年(一八六九)までは、学侶《がくりょ》・行人《ぎょうにん》・聖《ひじり》の三派があったが、これを廃止し、青巌寺《せいがんじ》・興山寺を合併して金剛峯寺《こんごうぶじ》と改めた。昭和二十一年(一九四六)に高野山真言宗が設立され、金剛峯寺は総本山になった。山内には今日、百二十三の寺院、約五十三の宿坊がある。その中心は壇上《だんじょう》または伽藍《がらん》とよばれる。ここには、根本大塔《こんぽんだいとう》を中心に東塔・西塔を東西に配し、その前に金堂があり、その他十数の建物がある。

高野山の人口は八千であるが、夏になると参拝に避暑をかねた人たちで二倍にもふくれあがる。また、この山は古来、寺領として保護され、明治以後も国の保安林に指定されてきたので、スギ・ヒノキ・コウヤマキなどの原生林、シャクナゲ・シダの類など高山植物が多い。

高野山を中心とした周辺は高野竜神国定公園に指定されている。また近年は、護摩壇山《ごまのだんざん》に至る奥高野のハイキング・コースも設けられている。

中世の時代に高野版に用いた高野紙は、今でも山麓の古沢《こさわ》集落にわずかに残っている。また高野豆腐《こうやどうふ》やゴマ豆腐がみやげ物として知られる。

## 国宝・重要文化財のかずかず

高野山は千百年の歴史を有するので、わが国屈指の文化財の宝庫でもある。数多い寺院はそれぞれ由緒がある。鎌倉初期の建物では金剛三昧院《こんごうさんまいいん》の多宝塔《たほうとう》・経蔵《きょうぞう》・位牌《いはい》堂など、伽藍の不動堂がある。

空海真筆と伝えるものは、『聾瞽指帰《ろうこしいき》』のほか『崔子玉座右銘断簡《さいしぎょく》』などがあり、唐から空海が請来《しょうらい》した法具類・屏風本尊・倶利迦羅《くりから》竜剣などが、その住房であった竜光院に伝えられる。

西塔の金剛界大日如来は草創当時の造立《ぞうりゅう》で、ほかにそのころと時代の前後するものに有志八幡講所蔵の五大力吼《ごだいりきく》菩薩《ぼさつ》図三幅、正智院《しょうちいん》所蔵の不動明王《ふどうみょうおう》坐像がある。なお平安時代の作では、波切《なみきり》不動・赤不動・龍猛《りゅうみょう》菩薩像・勤操大徳像《ごんぞうだいとくぞう》・船中湧現観音像《せんちゅうゆうげんかんのんぞう》などがとくに著名である。

金剛峯寺の涅槃《ねはん》図は、応徳三年（一〇八六）の年記のある大作として知られる。その他、仏像仏画で多くの優品が残されているが、なかでも阿弥陀聖衆来迎《あみだしょうじゅらいごう》図三幅は恵信僧都《えしんそうず》作と伝える、わが国最大の仏画である。これはもと比叡山《ひえいざん》にあったもので、信長の焼打ちの難をのがれたという由緒がある。

鎌倉時代では、伽藍の孔雀堂の孔雀明王《くじゃくみょうおう》像、遍照光院の阿弥陀如来《あみだにょらい》立像、光台院の阿弥陀三尊像はいずれも快慶《かいけい》の作、伽藍の不動堂の本尊と八大童子は運慶《うんけい》の作である。

このほか、高野山には各時代にわたって数多くの文化財があって、ほとんど枚挙にいとまがないほどである。なかでも、平安初期以来の古文書の類は実に豊富であって、古文書の集成である『宝簡集《ほうかんしゅう》』五十四巻、『続宝簡集』十八冊五十八巻、『又続《ゆうぞく》宝簡集』三十冊百十三巻が世に知られている。いずれも国宝に指定されている。

## 空海と四国の聖地

### 山々に仏が現われる

四国は、風光明媚《めいび》な瀬戸内海に臨む伊予《いよ》・讃岐《さぬき》（現在の愛媛・香川）の平野地方から開けていった。それは最古代のわが国の政治文化の中心が、この内海沿岸地帯にあったことからも知られよう。それは伊予も讃岐も、すでに『古事記』に見えている古い国柄であって、讃岐は忌部《いんべ》一族が開拓者となっている。今日でも忌部氏の神社がこの地方に多く散在し、また麻にちなんだ地名が多く残っているとのことである。その後、帰化人の秦《はた》一族が讃岐綾《あや》歌《うた》郡（国府所在地）へ来て、養蚕《ようさん》、機業の開発普及に尽している。

弘法大師空海以前の四国地方の仏教事情をみると、まず聖武天皇のとき、阿波（札所15）・土佐（同29）・伊予（同59）・讃岐（同80）にそれぞれ国分寺が創建された。このうち後二者が千手観音《せんじゅかんのん》を本尊とするのは、聖武帝及び光明皇后の観音信仰を反映しているものであるが、それは讃岐伊予地方の漁民の間における観音信仰の基盤となったのである。聖武帝の頃、行基《ぎょうき》は民間仏教の伝道につとめたが、今日四国八十八カ所寺院のうち実に二十八カ所までが行基菩薩開基を伝え、その本尊は薬師《やくし》・観音が圧倒的に多く、釈迦、弥陀、文殊《もんじゅ》がこれに次いでいる。ともかく、行基系の民間仏教が古代において四国地方に根強い基盤をきずいたことは、いいかえると優婆塞《うばそく》（在家信者）系の仏教の伝播《でんぱ》を意味するものであって、これは大師信仰の発展をみる上に見のがすことのできない点である。

四国の山岳仏教は四国の最高峰である海抜一九八二メートルの石槌山《いしづちやま》にはじまる。この山は石槌神の住むところとして古来から信仰され、『日本霊異記《にほんりょういき》』には寂仙《じゃくせん》が修行したことを記している。なお『文徳実録《もんとくじつろく》』にも上仙すなわち寂仙修行の趣を伝える。栄海《ようかい》の『真言伝』などに役小角《えんのおづぬ》と石槌山との関係をのべているのも、奈良朝の頃から、この山がわが国における山岳修験の主要地点に数えられていた事実に由来するものであろうと考えられる。『梁塵秘抄《りょうじんひしょう》』にも「聖《ひじり》の住所は、どこどこぞ、大峰、葛城《かつらぎ》、石の槌」と歌っている。弘仁七年（八一六）に没した芳元《ほうげん》もまた石槌山で修行したことは『深山灌頂系譜《かんじょう》』にも見えている。以上の仏教者はいずれも優婆塞の山岳修行者たちであることに注目したい。

さて、真言宗の開祖、弘法大師空海（七七四―八三五）は、讃岐の多度《たど》郡屛風《びょうぶ》が浦（現在の善通寺）に住していた佐伯田公《さえきのたきみ》の子として生まれた。佐伯氏は国造《くにのみやつこ》をもって任じた地方豪族であった。古代に活動した中央貴族の大伴《おおとも》氏から出た一支族であるというのは伝承にすぎない。佐伯族は当時、播磨《はりま》、河内《かわち》、山城《やましろ》、讃岐、阿波、安芸《あき》、丹波などに分布していたが、空海は讃岐佐伯である。空海の青年時代に書いた『三教指帰《さんごうしいき》』の序文によると、ある沙門《しゃもん》（修行者）から虚空蔵求聞持法《こくうぞうぐもんじのほう》を与えられて、四国の各地を跋渉して久修練行《くしゅれんぎょう》の旅をつづけたことが知られる。求聞持法は「もし人、法によってこの真言一百万遍を誦《じゅ》すれば、一切の教法の文義を暗記することを得《う》」といわれるものである。『三教指帰』に記された修行地として「阿波の大滝岳《たいりゅうがたけ》」と「土佐の室戸崎」があげられ、これは『続日本後紀《しょくにほんこうき》』にも再録されているが、『三教指帰』の草稿本『聾瞽指帰《ろうこしいき》』には「金巌」（加禰乃太気＝和州金峯山？）と「石峰」（伊志都知能太気＝石槌山）があげられている。いずれにしても、四国地方の名だたる修験霊地は、くまなく歩いたにちがいない。ことに室戸崎は、ここで四国山系が太平洋に落ちこみ、大洋の怒濤逆まく絶勝の地であり、空海もここで修行したときのさまを、みずから「明星来影《みょうじょうらいよう》す」と述懐している。『弘法大師行化記《ぎょうけき》』『大師御行状集記』『弘法大師御伝』などにはいずれも土佐の室戸崎の名が見えている。

法性《ほっしょう》の室戸と聞けどわれすめば
　　有為《うい》の波風たたぬ日ぞなき

『三教指帰』序に空海みずから記すところの一沙門が誰であるか、勤操大徳《ごんぞうだいとく》をこれに擬したりしているのであるが、いずれにしても山岳修験系のひとりであり、当時の空海もまた山地修行の優婆塞であったことには間違いない。青年時代、少なくとも東大寺戒壇院で具《ぐ》足戒《そくかい》を受けるまでの空海は、行基ないし役行者《えんのぎょうじゃ》―寂仙―芳元につらなる性格をもっていたことは、いなめないであろう。空海が後年、紀伊の丹生《にう》一族の援助を得て、上代日本における水銀文化の一大中心地であった高野山(松田寿男氏の説)を結界《けっかい》し、ここを入定の地に定めた事実には、前記の山岳修験が伏線となっているようである。高野山が当時の山岳における「聖《ひじり》の住所」である大峰、葛城《かつらぎ》に引きつづく連山であるという地理的関係も注意されてよい。

## 空海の聖地づくり

歴史的にみて、空海と四国との結びつけをなすものとして、第三に讃岐満濃池《まんのうのいけ》の築堤事業があげられる。この讃岐地方は地形の関係上降水量が少なくて旱害《かんがい》がひどく、溜池が古くから発達していたところである。満濃池は大宝年間(七〇一―七〇三)に築造されたが、弘仁九年(八一八)に決潰したため、弘仁十二年(八二一)六月、空海が着工し、その夏に完成したものである。三千五百町歩をうるおす大貯水池である。

当時の文書に、讃岐の農民たちは空海をしたうこと父母のごとくであると記されていることから、その影響、感化を与えるところが、いかに大であったかは想像に余りある。空海が地方民の直接生産に対する偉大なる援助者だった事実は、後の四国霊場、空海信仰が民衆の間に成立した大きな原因の一つとして認められよう。なお、満濃池はさらに後、数回の修復と決潰を重ね、現存のものは、明治三年（一八七〇）の造提による。

伊予の石槌山、阿波の大滝岳、土佐の室戸崎を空海が仏地として選定したことは、まことに規模雄大であって、四国霊地が成立する基盤はすでにここに出来上っていたといってもよい。空海門下の真雅《しんが》の弟子に聖宝《しょうぼう》（理源大師）があるが、かれが四国修行をしていたとき、讃岐のある民家でもらい受けた子が、のちの観賢《かんげん》だと伝えられる（『醍醐寺雑事記』）。観賢は延喜二十一年（九二一）に、弘法大師の諡号《しごう》が勅許になったとき、勅書を奉じて高野山に登った人である。ともかく密教系山岳修験者、優婆塞系の仏者が空海の聖蹟を訪れて修行したことは、非常に古い時代のことで、江戸中期の高野山宝光院寂本《じゃくほん》の書いた『四国遍路功徳記』に空海の高弟真済《しんぜい》を聖蹟遍礼の先駆者としているのも注意してよい。東密でいえば修験系の小野派の一派の人びとの修行遍礼が空海信仰の民間普及にあずかって大きな力があったとみるべきであり、それには優婆塞空海の久修練行が根本事実となっているのである。

『今昔物語集』（本朝篇）にも「四国の辺地《へじ》を通りし僧、知らぬ所に行きて馬に打ちなさる」語《はなし》というのがあり、三人の修行者に関する説話を載せている。『梁塵秘抄《りょうじんひしょう》』に「われらが修行せしようは、にんにく（忍辱）けさ（袈裟）をばかた（肩）にかけ、またおい（笈）をおい、ころもはいつとなくしお（潮）たれて、しこく（四国）のへち（辺地）をぞつねにふむ」とある。『今昔』にも『梁塵秘抄』にも、みな四国が修行の聖地であること、また辺地《へんじ》であることをのべてある。鎌倉に入って、東大寺大仏殿を再興し勧進念仏の創始者となった重源《ちょうげん》の『南無阿弥陀仏作善《さぜん》集』にも、かれが十七歳のとき、四国辺《じ》を修行した旨が記されている。鎌倉末の『一言芳談抄』にも「心戒《しんかい》上人、四国修行のあいだ、ある百姓の家の壁に書付て云、念仏者ならで念仏申《もうし》て、往生《おうじょう》をとぐべし」とあり、四国が修行の聖地であるということは中世に一貫して認められる。そして、このことは、空海修行の聖蹟をしたい、空海の久修練行にあやかろうとして、宗派の別を越えて修行者が集まって来た何よりの証拠であろう。

『遍路心得』という江戸期の遍路案内記によれば、八十八カ所寺院の分布は阿波二十二（現在二十四）、讃岐二十三（現在二十二）、土佐十六、伊予二十六となっているが、大師開《かい》基《き》と伝えられるもの三十五カ寺、大師中興十五カ寺の多数にのぼっている。勿論、伝承によるものも多いわけであるが、比較的開基伝承の古いものは金泉寺（3番）、阿波国分寺（15番）、平等寺（22番）、津照寺《しんしょう》（25番）、金剛頂寺（26番）、延光寺（39番）、観自在寺（40番）、泰山寺（56番）、三角寺（65番）などである。古い寺院として古史料に名を伝えるものに、誕生地の善通寺、修行地の大竜寺と室戸最御崎寺《ほつみさきじ》、金剛福寺、金剛頂寺、通隆寺、雲辺寺、曼荼羅寺、白峯寺、出釈迦寺、青竜寺、焼山寺、鶴林寺があり、このうち金剛福寺と焼山寺は山岳修験寺院として古来、著名である。このほか古い寺院の多くが山地にあることは、醍醐の聖宝《しょうぼう》を祖とする当山派の修験道場として発達したからであろうか。そしてそれは四国仏教の基盤をなす優婆塞系の仏教が、律令仏教に対抗して庶民信仰をひろげていったことなどからも当然うなずけるであろう。

## 千二百年にわたる霊場遍路

空海の聖蹟が山岳修行道場として発展してきたことをみたから、次に現在の四国八十八カ所がどのような経過をたどって今日のようなかたちに出来上ったかをさぐってみたい。宗教的な聖地を巡拝して歩く風習はインドでも仏教の四大聖地（誕生のルンビニー、成道《じょうどう》のブッダガヤー、初転法輪《しょてんぽうりん》の鹿野苑《ろくやおん》、入滅のクシナガラ）巡拝にもみられ、インドの八大霊塔（廟）巡礼に模したのが、四国八十八カ所であるという説もあるくらいである。わが国でも験者《げんざ》たちの間には久修練行の地をめぐり歩く風が古くからあり、『梁塵秘抄』に歌われたさきの「聖《ひじり》の住所はどこどこぞ」というごときは、それである。叡山の回峰行《かいほうぎょう》なども、この種の山岳修験地巡行に源を発したものであろう。ともかく、わが国固有の山岳信仰に結びついて山岳修験の仏教が奈良から平安にかけて成立する。山上の霊地は祖霊集会《しゅえ》の場所であり、聖なる地として他界観念によって支配されている。初期仏教の例をあげるまでもなく、本来仏者は一所不住の生活を送る者であるから、修行の場所とて一定したものではなかった。修行の聖地をめぐり歩く行雲流水の旅は、むしろ仏教本来の姿であったといってよい。インドでも修行の地は制多《せいた》（塔）があり、氏族の共同墓地であった聖なる場所に限定される。これは初期仏教以来の伝統である。修行して聖地をめぐり歩くことが同時に聖地巡拝をすることにほかならなかった。かくみるとき、霊場霊地の発生起源は、仏教的にいえば、まず修行の好適地であり、そしてそこはすでに以前より何らかの意味で霊的な聖地であったところにもとめられるであろう。わが国でいえば、他界観念を媒介とした祖霊、死霊のしずまる聖地ということになる。それは山上のこともあれば、洋上遥かな彼の国ということもある。

次に、辺地《へんじ》＝辺路《へんろ》から遍路《へんろ》へ、すなわち四国修行から四国巡拝へと、どのように移り変っていったかという大きな問題がある。本稿で「四国の聖地」と呼んだのは、四国霊場または四国札所《ふだしょ》のことである。今日、八十八カ所に霊場寺院があり、それらを巡拝するのを四国巡礼とか四国遍路とよんでいる。巡礼についてみると、西行法師の歌集『山家集』には「讃岐に詣《もう》でて、松山の津と申す所に」「白峯と申ける所に」「同じ国に大師のおわしましける御あたりの山に」「大師の生《む》まれさせ給いたる所とてめぐりのしまわして」「曼荼羅寺の行道所《ぎょうどうどころ》」などとあり、当時一般に宗教上の純然たる修行目あてでなくて、詣でる、つまり参詣して歩くことがおこなわれていたことが知られる。時代が下って鎌倉初期、高野山正智院《しょうちいん》の道範《どうはん》が四国讃岐に配流されたときの紀行文『南海流浪記《るろうき》』をみると「善通寺に詣で、大師の聖跡を巡礼す」と記してあり、ここに巡礼の語が見えているのはすこぶる注意するに足る。道範はまた出釈迦寺、琴弾《ことひき》八幡宮（神恵寺）、白峯寺その他数カ所を巡礼した旨をのべている。

　遍路は古くは辺路、辺地などと書かれており、辺ともいう。辺地とか辺というのは、中央からみて辺国であり、国境《くにざかい》に当る土地という意味である。後世になっても、たとえば松山市鷹子《たかのこ》浄土寺本尊の厨子《ずし》には辺路、四国辺路、四国仲辺路などの楽書があり、年代は、大永五年（一五二五）から寛永二十年（一六四三）の間のことであるという。また高知県土佐神社の内殿板壁には四国中辺路（元亀二年〈一五七一〉と見えている（三浦章夫氏『愛媛の仏教史』）。『嬉遊笑覧《きゆうしょうらん》』にも四国辺路とある。しかし、これら辺路は、今日では遍礼の意味に用いて遍路の字をあてているが、それは四国巡礼が庶民層に流行するようになった江戸中期頃からのようである。

　八十八カ所という数であるが、もちろん、空海の修行地あるいは空海開山の寺院が主体となって、次第に地域的にひろげられていったのであろうが、それは何にもとづいているのであろうか。一説には『三十五仏名礼懺文《ぶつみようらいさんもん》』の三十五仏と『観薬王薬上二菩薩経』などに出ている過去五十三仏とあわせて八十八仏にかたどったといわれる。また八十八使《し》の煩悩（見惑《けんわく》）の数にもとづくともいうが、いずれも確定したものではないようである。

伝説による四国巡礼の創始者は右《う》衛《え》門《もん》三郎ということになっている（『石手《いしで》寺縁起』）。かれは伊予の国の人で、順逆二十一返四国の聖地を巡礼し、天長八年（八三一）に、焼山寺の近くの山麓でなくなったことになっているというから、ずいぶん古い話である。空海の四国巡錫《じゅんしゃく》の伝説にからんでいるもので、この伝説はもとより史実ではないが、同行二人の起源をさぐるうえにみのがすことが出来ない説話である。同行二人というのは、四国を巡礼する者は、つねに空海が影向《ようごう》して共に聖地を歩くという信仰で、まさしく「われ大師とともにあり」の信念は四国遍路のささえとなっているものである。もう一つ右衛門三郎説話が含意する大切な問題がある。それは、八十八カ所成立に直接的な影響を与えたといわれる西国三十三番札所が花山《かざん》法皇の創始としてひろく流布されているのに対して、四国八十八カ所巡礼が一民間人によって始められたということであって、ここに四国聖地の庶民性、大師信仰の民衆化を看取することが出来る。

今日みるような整ったかたちの八十八カ所は、西国三十三番巡礼が室町時代に盛んになってきたので、それにならって作られたものであるといわれる。この三十三カ所というのは観音霊場であって、寛和二年（九八六）夏、仏眼《ぶつげん》上人の勧《すす》めによって花山法皇が西国三十三観音の巡拝霊場を定めたもので、三十三番御詠歌も法皇の作と伝えられるが、これは『大鏡《おおかがみ》』にも見えている。紀伊国那智の青岸渡寺（せいがんとじ）を第一番として、美濃国谷汲（こくきゅう）の華厳寺に終る。なお、三十三カ所という観音霊地をさす語は観音の三十三化身にかたどったもので、文治三年（一一八七）の『千載集《せんざいしゅう》』釈教部に、またさかのぼっては『寺門伝記補録』（応保元年〈一一六一〉）などに出ている。民間における観音霊地として『日本霊異記《りょういき》』『三宝絵《さんぼうえ》詞《ことば》』『本朝法華験記《ほっけげんき》』などには著名寺院をいくつかあげているが、四国地方のものは見あたらない。しかし、『発心集《ほっしんしゅう》』には阿波の国の賀登上人が土佐国室戸津より南の補陀落《ふだらく》浄土へ向かったことが見えており、同じものが貞慶《じょうけい》の『観音講式』にも記されている。さきにも見たように、瀬戸内海に面した讃岐、伊予地方には観音霊場が多いが、しかし、西国三十三番に四国の大師聖地をそのまま模したものではなく、中世鎌倉期を通じて、「四国修行」という語が、四国聖地の中世的性格を端的にもの語っているように思われる。

高野山宥快の著『大疏伝受鈔《だいしょでんじゅしょう》』に、はじめて四国巡礼ということばが見えている。しかもこれは善通寺宥鑁《ゆうばん》が高野山の賢重《けんちょう》に語った話を書きとめたものであり、宥鑁は観応二年（一三五一）七月朔日、八十三歳でなくなっていることが明らかであるから、庶民の四国巡礼は鎌倉末期には極めて一般化されていたことが知られる。これを傍証するものとして、高知県土佐郡本川《ほんがわ》郡本川村地蔵堂の鰐口《わにぐち》に「奉心願者、□□大旦那村所八十八ヵ所、文明三年三月一日妙政□□」とある（三浦章夫氏『愛媛の仏教史』参照）。これによって、八十八ヵ所の名称も、相当古い時代からおこなわれていたことが分かる。江戸初期には今日の四国霊場とほぼ同じ地理的構成にまで発展していたと思われる。『国花万葉記』に「四国遍礼八十八箇寺之《の》霊地」とあるがごとき、それであろう。寛永十五年（一六三八）に、大覚寺空性《くうしょう》法親王が伊予大宝寺の賢明《けんみょう》を同伴して四国の聖地を一巡し、『四国霊場御巡行記』を賢明につくらせたことは著名であり、紀行文としても注目される。この著書のなかには八十八ヵ所以外の聖地、すなわち今日いう番外寺院のいくつかもあげられている。円明寺蔵の古い納経札の一つに「慶安三年（一六五〇）奉納四国仲遍路同行二人、京極平人家次」とあり、同行二人の信仰は江戸時代の真言仮名《しんごんかな》法語《ほうご》家たちの法語のなかにも、しばしば説かれている。以《い》空《くう》上人（一六三六—一七一九）は延宝四年（一六七六）に四国霊場を巡拝した。このとき、石槌山権現の神像を前神寺に拝し、道すがら讃岐五剣山に登って歓《かん》喜《ぎ》天《てん》を八《や》栗《くり》寺に勧請《かんじょう》したこともあった。延宝、天和の頃（一六七三—一六八三）、沙弥《しゃみ》真然《しんねん》は四国を遍歴すること十有余回、貞享四年（一六八七）と延享四年（一七四七）の両度にわたり、四国遍礼図（四国霊場道しるべ）が出版された。元禄二年（一六八九）、高野山宝光院の寂本《じゃくほん》（雲石堂）は、『四国遍礼霊場記』三部七巻を著わし、これには京都智積院《ちしゃくいん》の運敞《うんしょう》の序文が付せられた。この書は四国遍礼の指南書であり、この種の古典の白眉といってよいものである。寂本はこのほか『遍路指南』『四国遍路功徳記』などの著作を残している。かれが高野山行人方《ぎょうにんがた》の僧であったことは、やはり四国遍礼の庶民性を理解するうえに大切な点である。寂本の遍礼記の出版によって八十八カ所の名跡はとみにひろまったといえよう。

この頃から全国至るくまなく四国八十八カ所に模して八十八カ所が設けられるようになる。これは当時の旅の困難さを語るとともに、庶民間で四国遍礼がそれほどまでに流行するに至った事実を語っているものである。また、当時、四国には「八十八霊区」という名称がおこなわれていたが、その実、九十六カ所（番外四）であったといわれている。全国各地における八十八カ所のうち、とくに著名なものに、讃岐の小豆島《しょうどしま》、仁和寺《にんなじ》、江戸、尾《お》張知多《わりちた》、下総などの霊場があるが、ともかく八十八カ所霊場巡り流行のピークは、元禄期であると考えられる。

## 若人の胸に信の火をつける

霊場巡りの盛行とともに、案内図も必要とされるに至り、宝暦十三年（一七六三）、但馬《たじま》の細田周英は、この要求に応《こた》えて四国遍礼絵図を作成した。これには高野山弘範の序文が付けられている。

また、甲斐《かい》の木食上人五行《もくじきしょうにんごぎょう》は天明五年（一七八五）、寛政十一年（一七九九）の二回、四国霊場を巡ったのち、甲斐国丸畑に四国堂を建立、八十八体仏を彫刻安置した。

札所は善通寺より東讃岐、阿波、土佐、伊予に巡るべきであると寂本がのべているが、おそらく、これは空海の修行遍歴のコースであったことは確かである。巡礼地、霊場寺院を中心として村や町が出来ていったことを思うと、遍礼と地方文化開発は切りはなすことが出来ない問題を提起している。このような意味でも空海は真に地方文化の草分けであり先覚者であったといえよう。また、今日、四国遍路は高野山奥の院を参拝してから出発することになっている。この風習の起源は知らないが、四国遍路が高野聖の勧誘にあずかるところが大きいと思われる。また、信者が遍礼するという巡礼本来のかたちは観音霊場の巡拝による影響であるにしても、修行地としての四国は空海以来のものである限り、修行者のすべての人は空海の御影《みえい》を追想し胸奥深く同行二人の信《しん》が刻みこまれたにちがいない。

そして空海の修行した聖地が、民族固有の山上または海上の他界観念と折りかさなったところに、大師信仰が超宗派的発展を遂げたゆえんが認められよう。

四国やあるいは小豆島を訪れる遍路は、年毎に増えてゆく反面、若い人びとの間には、遍路が一種のレクリエーション的意味をもって迎えられているが、やはり、全般的には空海のみあとを慕うという厚い信仰にささえられているのであり、遥けくも四国の山河を踏み越えて聖地を巡る人びとの胸奥には、今なお永遠に空海は生きつづけているのである。

〔付記〕
宮崎忍勝解説・校注『澄禅四国遍路日記 附・解説校注』(大東出版社刊、昭和五十二年十月)が出版されている。

## 初出一覧

日本仏教史上における空海　（大法輪／昭和 54 年 12 月号）
空海の生涯と思想　（太陽／昭和 48 年 6 月号／平凡社）
空海の教え　（大法輪／昭和 56 年 2 月号）
空海と最澄――その思想と交流の軌跡　（別冊墨第 3 号／昭和 58 年 11 月／芸術新聞社）
現代思想史上の空海　（思想読本空海／昭和57年6月／法蔵館）
綜合の天才・空海　（東方界 No. 123／昭和 59 年 1 月）
空海の思想と現代　（中日新聞／昭和 58 年 5 月 13 日夕刊）
空海の軌跡――『弘法大師行状絵詞』にそって　（アサヒグラフ臨時増刊／弘法大師と密教美術／昭和 58 年 3 月）
恵果との出遇い　（続日本絵巻大成第 6 号月報／昭和 58 年 1 月／中央公論社）
空海とその周辺　（現代思想／日本人の心の歴史／昭和 57 年 9 月／青土社）
空海の教育理想　（弘法大師の教育理想／昭和 49 年 7 月／国民思想社）
空海の名著　（大法輪／昭和 52 年 3 月号）
『秘蔵宝鑰』について　（弘法大師の著作に学ぶ／昭和 57 年 3 月／智山教化研究所）
永遠への飛翔　（空海と真言密教／昭和 57 年 11 月／読売新聞社）
空海の言葉をたどって　（弘法大師の教育理想／昭和 49 年 7 月／国民思想社）
空海の密教用語について　（大法輪／昭和 58 年 2 月号）
霊場・高野山　（日本の道シリーズ紀伊・熊野路／昭和 47 年 4 月／毎日新聞社）
空海と四国の聖地　（大法輪／昭和 38 年 2 月号）

## 「ちくま学芸文庫」収録にあたって

このたび、筑摩書房刊『空海』が「ちくま学芸文庫」として装いも新たに出版されることになった。著者として望外の喜びである。

本書は四十年程前から雑誌等に寄稿した空海についてのさまざまなエッセーである。いま、読み返してみると、時代の流れの早さ、激しさに云い知れない感慨を覚えざるを得ない。

というのも空海研究という些少なジャンルであっても、半世紀足らずの間に、学的究明が著しく進展したという、そのことである。

従来、定説とされたものの修正、資料の再検討や新出資料、新説の提唱、書誌学的研究の成果。あるいは数少なくない著書の出版や論文の陸続とした発表等々。

本来であれば、それらにもとづいて本書も改稿したいところである。

このようなわけで、空海研究のこれまでの一里塚のような本書ではある。しかしまた、これにもとづいて問題の所在を改めて知ることもできるかも知れない。

ともあれ、空海密教をめぐってその特色的なものを再考してみてもよいのではなかろうか。

さて、日本仏教研究の場合、仏教学と史学とが遊離しているように思われる。つまり仏教学的な教理研究と文献学的な歴史研究とが個別的におこなわれている。国文学と仏教学との関係についても同じことがいえるようである。

これではいつまでたっても日本仏教の実態に迫り得ない。このことは仏教民俗学と一般史学もしくは仏教民俗学と仏教学との関係についても同断である。もちろん、学際的研究がいっそうすすめられなければならないが、研究者の個人的な研究域に限ってみた場合のことである。

なぜ、このようなことを敢えて取りあげるかというと、一般読者側からすれば空海密教の研究が専門化、細分化すればする程、空海の全体像もしくは空海の実像が遠退いて、見えにくくなってきているように思われるからである。一例ではあるが、サンスクリット資料の解明がなかなかなされない。よしんば解明されたにしても空海の教学体系との結びつきが不明であるといった問題などが、それである。

スペンサー（一八二〇―一九〇三）は、綜合哲学を説いた。これは哲学が完全に統一された認識をもつのに対して、科学は各個別に統一されたものであって、それは部分的な認識に到達するだけだというのである。

空海密教もまた綜合学的研究を必要とするのではないかということを痛感する。

空海密教の構造主義的体系。あるいは密教思想の複合性と統合性。

これらの問題に取り組んでみて感ずるのは、近代ヨーロッパが生んだ宗教学に対する懐疑であり、その再検討が差し当ってまず緊要な課題だということであろう。

ヨーロッパの宗教学は、聖書学から出発した。そして、それはキリスト教中心の宗教研究であるというのは自明の事実である。それには次のような諸問題が内在している。

第一に世界のすべての宗教を一神教と多神教（もしくは汎神論）に分類するということである。

第二には世界宗教または普遍宗教（歴史宗教）と民族宗教という区別をすることである。

第三には啓示宗教と自然宗教というように二元論的に宗教を類型化することである。

第一は一神教の優位性と多神教の劣位性というキリスト教的な潜在的範疇である。すべての宗教は多神教から一神教へと進化すべき必然性があるとする。それはそのまま民族宗教と世界宗教とを対比する宗教学と結びつく。

ユダヤ・キリスト教、イスラーム教のような一神教は、高等宗教である。それ以外の世界のさまざまな宗教は一神教の立場からすれば排除否定されるべき存在である。特例としてあらゆる多神教は、その中に汎神論もある。しかし、これは一神教的汎神論であるべきであって、あくまでも一神教が主体である宗教でなくてはならない。

第二は世界宗教の名称が意味するように、たとえば世界の三大宗教としてユダヤ・キリスト教、イスラーム教、仏教がある。だが、仏教はかろうじて世界宗教の仲間入りをしている。要するに、宗教分布の広狭と宗教人口の多寡を基準とするだけのことにすぎない。

このようなキリスト教的な宗教範疇によれば、仏教の場合、密教の大日如来や浄土教の阿弥陀如来、禅・日蓮宗の釈迦如来は、一神教ということができよう。そしてまた大乗仏教の多仏信仰は多神教的ということになる。さらに密教は汎神論（*pan-theism*）ということになろうが、著者はこれを汎仏論（*pan-buddhism*）と呼称するのがよいと考えている。

土着宗教と習合し混淆したアジア諸地域の仏教の実体は、普遍宗教というよりも、むしろ民族宗教的な色彩が濃い仏教である。だから、この場合、一神教的立場で説く普遍宗教としての仏教は抽象化されたものであって実は民族宗教である。混淆度の著しい密教は汎仏論的宗教の最たるものだといってよいであろう。

さらに近代宗教学の学の本質にかかわる問題がある。それはすべての宗教を啓示宗教と自然宗教というように区別することである。

たとえばキリスト教やイスラーム教のような一神教は啓示宗教たることを自認している。しかしながら、仏教は自然宗教だとはいえず自覚宗教である。

基本的に創造神の存在を認めず神の恩寵を説かないからであり、あくまでも人間存在の宗教的自覚を根底に据えているからである。

しかしながら、現代の宗教学には自覚宗教という用語もなければ範疇もない。密教の即身成仏は人間の根源的な自覚の問題であり、神の啓示ではない。また、全宇宙生命を仏身とし（六大法身）、全宇宙存在によって仏身が象徴されている（三昧耶身）と説く密教は、神の創造とは異なってコスミズム的な縁起論である（六大法身）。そして、密教の象徴的世界観や言語現象論は、際立って他宗教と異なる。

さらに横平等・竪差別の人間観がある。これは社会観や世界観にまで拡大され得る。ユダヤ・キリスト教のヒエラルキー的な、いわゆる上下の樹木関係は竪関係である。これに対して近代の批判的哲学思想で説くリゾーム（根茎）関係は横関係を重視する立場である。これは二十世紀以後の民主主義社会をささえているところの上下関係を撥無した非ヒエラルキー的思想である。

また、それは今日の世界にみなぎりはじめているユダヤ・キリスト教の他者否定の一神教的世界観への懐疑と反撥の源泉となっている思惟様式でもある。

ユングの精神分析学やレヴィ＝ストロースの構造主義文化人類学なども要するにリゾーム関係を重視する系列につながっている。

しかし、空海密教では横平等と竪差別とのアンビヴァレンスを前提として、悪平等と善差別を根本的立場とする。悪平等とは個性的な差異性を疎外した平等であり、善差別とは平等を前提とした各個の個性的な自立性が確立されることである。

このような人間観や世界観は樹木関係とリゾーム関係を統合し、もしくは両者の不可分関係を明らかにした、いわゆる複眼的、多角的な新しい関係状況を提示しているものである。

ゆきつくところ、それは曼荼羅世界ということになるであろう。

また、近代哲学の祖デカルトに始まる物心二元論的哲学はその後、ヨーロッパにおいて観念論と唯物論との二極分化をもたらした。そして、現代における科学技術文明の飛躍的な発展は、唯物論的思惟にもとづき一切を物象化する画一的な科学信仰を生むに至った。それは、観念論といわず観念論的な領域を浸食しはじめている。人間存在の稀薄化、非在化現象である。

唯物弁証法哲学以外のすべての哲学は観念論という疑似哲学であるという、唯物論か観念論かという類型的な二極分化の哲学理論は崩壊しつつある。しかし、空海密教における色本心末（唯物論）と心本色末（観念論）を包括超越した第三の色心不二（唯物論と観念論の不可分関係による統合哲学）が示唆するところは看過し得ないものがあるといわなければならないであろう。

さらにこれからの精神世界や新しい精神文化における心と体との統合的制御や心と言語との不可分割的統御についても空海密教では即身成仏とシノニムの三密相応、三密成仏、有相の三密より無相の三密へという合言葉がそれらを先取りしている。要するに単一の精神文化ではなく身体論や言語論を包含した人間存在の問題が、そこには提示されている。

要するに、曼荼羅そのものがすべての点で包摂と融合、秩序と調和の世界を具現している。それはたとえば一神教と多神教、世界宗教と民族宗教との対話、交流の原理をも暗示している。

本書『空海』について著者の胸中に去来する想いを率直に披瀝した次第である。われわれは空海密教から学び取るべきものがあまりにも多いといわなければならないであろう。

所感の一端を記して未完のあとがきを擱筆する。

単行本の『空海』以来、編集部の平賀孝男氏には、終始、お世話いただいた。今回またちくま学芸文庫に収録するに当り、いろいろとご配意、御教示下さったことを記して深く謝意を表する。

二〇〇三年六月十日

京都にて

著者識す

本書は一九八四年六月に刊行された筑摩書房版にもとづいたものである。

世界宗教史8　ミルチア・エリアーデ　奥山倫明／木塚隆志／深澤英隆訳
西・中央アフリカ、南・北アメリカの宗教、日本の神道と民俗宗教。啓蒙期以降ヨーロッパの宗教的創造性と世俗化などを収録。全8巻完結。

シャーマニズム(上)　ミルチア・エリアーデ　堀一郎訳
二〇世紀前半までの民族誌的資料に依拠し、宗教史学の立場から構築されたシャーマニズム研究の金字塔。エリアーデの代表的著作のひとつ。

シャーマニズム(下)　ミルチア・エリアーデ　堀一郎訳
宇宙論的・象徴論的概念を提示した解釈は、霊魂の離脱（エクスタシー）という神話的な人間理解として現在も我々の想象力を刺激する。（奥山倫明）

回教概論　大川周明
最高水準の知性を持つと言われたアジア主義者の力作。イスラム教の成立経緯や、経典などの要旨が的確に記された第一級の概論。（中村廣治郎）

原典訳 チベットの死者の書　川崎信定訳
死の瞬間から次の生までの間に魂が辿る四十九日の旅――中有（バルドゥ）のありさまを克明に描き、死者に正しい解脱の方向を示す指南の書。

旧約聖書の誕生　加藤隆
旧約聖書は多様な見解を持つ文書を寄せ集めて作られた書物である。各文書が成立した歴史的事情から旧約を読み解く。現代日本人のための入門書。

神道　トーマス・カスーリス　衣笠正晃訳　守屋友江監訳
日本人の精神構造に大きな影響を与え、国の運命をも変えてしまった「カミ」の複雑な歴史を、米比較宗教学界の権威が鮮やかに描き出す。

ミトラの密儀　フランツ・キュモン　小川英雄訳
東方からローマ帝国に伝えられ、キリスト教と覇を競った謎の古代密儀宗教。その全貌を初めて明らかにした、第一人者による古典的名著。（前田耕作）

空海コレクション1　空海　宮坂宥勝監修
主著『十住心論』の精髄を略述した『秘蔵宝鑰』、及び顕密を比較対照して密教の特色を明らかにした『弁顕密二教論』の二篇を収録。（立川武蔵）

**空海コレクション2**　空海／宮坂宥勝監修

真言密教の根本思想『即身成仏義』『声字実相義』『吽字義』及び密教独自の解釈による『般若心経秘鍵』と『請来目録』を収録。（立川武蔵）

空海コレクション3
**秘密曼荼羅十住心論（上）**　福田亮成校訂・訳

日本仏教史上最も雄大な思想書。無明の世界から抜け出すための光明の道を、心の十の発展段階（十住心）として展開する。上巻は第五住心までを収録。

空海コレクション4
**秘密曼荼羅十住心論（下）**　福田亮成校訂・訳

下巻は、大乗仏教から密教へ。第六住心の唯識、第七中観、第八天台、第九華厳を経て、第十の法身大日如来の真実をさとる真言密教の奥義までを収録。

**鎌倉仏教**　佐藤弘夫

宗教とは何か。それは信念をいかに生きるかということだ。法然・親鸞・道元・日蓮らの足跡をたどり、鎌倉仏教を「生きた宗教」として鮮やかに捉える。

**観無量寿経**　佐藤春夫訳・注／石田充之解説

我が子に命狙われる「王舎城の悲劇」で有名な浄土仏教の根本経典。思い通りに生きることのできない我々を救う究極の教えを、名訳で読む。（阿満利麿）

**大乗とは何か**　三枝充悳

仏教が世界宗教としての地位を得たのは大乗仏教においてである。重要経典・般若経の成立など諸考察を収めた本書は、仏教への格好の入門書となろう。

**道教とはなにか**　坂出祥伸

「道教がわかれば、中国がわかる」と魯迅は言った。伝統宗教として現在でも民衆に根強く崇拝されている道教の全貌とその究極的真理を詳らかにする。

増補
**日蓮入門**　末木文美士

多面的な思想家、日蓮。権力に挑む宗教家、内省的な理論家、大らかな夢想家など、人柄に触れつつ遺文を読解き、思想世界を探る。（花野充道）

**反・仏教学**　末木文美士

人間は本来的に、公共の秩序に収まらないものを抱えた存在だ。〈人間〉の領域＝倫理を超えた他者／死者との関わりを、仏教の視座から問う。

ちくま学芸文庫

# 空海《くうかい》　生涯《しょうがい》と思想《しそう》

二〇〇三年　九 月 十 日　第一刷発行
二〇一八年十一月三十日　第五刷発行

著　者　宮坂宥勝（みやさか・ゆうしょう）

発行者　喜入冬子
発行所　株式会社　筑摩書房
東京都台東区蔵前二―五―三　〒一一一―八七五五
電話番号　〇三―五六八七―二六〇一（代表）
装幀者　安野光雅
印刷所　株式会社精興社
製本所　株式会社積信堂


ISBN4-480-08780-X C0115